SUSAN QUILLIAM

DIE KÖRPERSPRACHE DER SEXUALITÄT

Ein Buch zum Verständnis
unserer Körpersprache
vom ersten Blickkontakt bis zur
sexuellen Erfüllung

Aus dem Englischen übersetzt von
Christoph Arndt

C. Bertelsmann

Originaltitel: Sexual Body Talk

1. Auflage

Original published by Headline Book Publishing PLC
Headline House
79 Great Titchfield Street
London W1P 7FN

Buchgestaltung: Hilary Krag
Herstellung: Bernd Walser, München
Satz: Compusatz GmbH, München
ISBN 3-570-01409-6

Frontispiz: Am Anfang ist in der Liebe alles unsicher. Er hält sie sanft, den Arm um ihre Taille gelegt; seine Hand faßt ihre Schulter, und er drängt nach Intimität. Ihr gesenkter Blick offenbart eine gewisse Scheu. Doch sie wird wohl glücklich sein, die Beziehung zu intensivieren. Ihr schwaches Lächeln, ihre Hand auf seinem Knie und die Art, wie ihr Körper leicht an seinem ruht – all das spiegelt wachsende Vertrautheit wider.

Seite 5: Hat uns die Körpersprache zusammengebracht, besteht die Chance zur Entwicklung einer lebenslangen Liebe. Die zwei hier genießen sichtlich die Gesellschaft des Partners; sie umarmen sich so fest wie möglich, reiben ihre Nasen und blicken sich tief in die Augen. In ihrem Lächeln spiegelt sich die Freude wider, ihr fast kindlicher Ausdruck zeugt von Vertrauen. Diese auf echter Harmonie und Liebe gegründete Beziehung ist fürs Leben.

Seite 6: Wenn wir uns emotional einander näherkommen, findet unsere Liebe durch Sex ihren Ausdruck. Mit dem Ablegen der Kleidung entstehen Intimität und, falls wir uns gegenseitig wirklich vertrauen können, eine emotionale wie körperliche Hingabe in Leidenschaft. In enger Umklammerung sind diese zwei hier versunken in den Berührungen des Partners, seinem Geruch und Geschmack, während sie einen Liebestraum wahrmachen.

INHALT

Vorwort

Bei menschlichen Beziehungen sind es nie die Worte, die wirklich zählen. Sie sind im Grunde unwichtig, denn sie machen nur sieben Prozent unserer Kommunikation aus. Die übrigen dreiundneunzig Prozent bestehen aus Körpersprache – Haltung, Gestik und Mimik, mittels denen wir dem anderen mitteilen, was wir tatsächlich meinen.

Bei intimen Beziehungen setzen wir unwillkürlich unseren Körper ein, um uns noch umfassender auszutauschen als sonst. Wir rücken enger zusammen und sprechen durch Berührungen; wir spielen mit unseren Zungen und kommunizieren durch Geschmack; wir hören und lernen durch das Geräusch des Herzschlags und der Atmung. Als Liebende werden wir aufgrund des Bewußtseins für unsere eigene sexuelle Körpersprache tiefer als je zuvor miteinander vertraut.

Dies ist das erste Buch, das uns bessere Kenntnis über und mehr Freude an der wortlosen Kommunikation in intimen Beziehungen vermitteln will. Es wurde geschrieben, weil wir häufig daran scheitern, uns der Sprache der Liebe, die wir gern als natürlich und spontan ansehen, in vollem Umfang zu bedienen. Wir sind vielleicht nervös, denn Sex ist so wichtig, daß wir uns zwangsläufig – wenigstens ab und zu – davor fürchten. Wir können uns gehemmt fühlen, weil man uns gerade im Hinblick auf Sex häufig beigebracht hat, unsere Gefühle und Empfindungen zu verleugnen. Und soviel Körpersprache findet auf einer unbewußten Ebene statt – mit Signalen, die sowohl jenseits unserer Wahrnehmung als auch außerhalb unserer Kontrolle liegen –, daß wir uns ihrer bewußt werden müssen, wollen wir sie erfolgreich nutzen.

Dieses Buch möchte auf allen Stufen einer körperlichen Beziehung neue Möglichkeiten eröffnen: in der Anfangsphase, wenn wir für Worte noch nicht vertraut genug sind und uns zur Anbahnung eines Kontakts ganz auf die Körpersprache verlassen müssen; während des Aufbaus der Beziehung, wenn wir lernen, unsere eigene Sexualität der unseres Partners anzugleichen und wir Wege brauchen, seine Bedürfnisse zu verstehen und ihm unsere eigenen mitzuteilen; und in der eigentlichen Beziehung, wenn uns unsere geschlechtliche Lust zunehmend auf eine emotionale Ebene zieht, die beglückend, mitunter aber auch belastend sein kann. In all diesen Situationen ist allein das Verstehen unserer Körpersprache und jener unseres Partners ausschlaggebend, wie wir Liebe geben und empfangen.

Doch die Körpersprache birgt auch Gefahren. Die Annahme, daß sie uns jede Kleinigkeit offenbart, Macht über andere Menschen verleiht oder uns hilft, deren Gedanken zu lesen – all dies sind Trugschlüsse. Hüten Sie sich auch davor, Ihre eigene Interpretation von Signalen der Körpersprache zu verallgemeinern: Eine freundliche Berührung in einem Lokal nach Feierabend hat nicht die gleiche Bedeutung wie jene Berührung vormittags im Büro. Seien Sie sich ebenfalls darüber im klaren, daß uns die Körpersprache nie genau sagen kann, was Menschen denken; korrekt ausgelegt, verrät sie uns jedoch exakt, was sie fühlen, und öffnet so die Tür zu einer Beziehung, die sowohl körperlich als auch gefühlsmäßig auf Verständnis und Aufrichtigkeit basiert.

Wenn Sie wirklich ein Partner werden möchten, der beständig Vergnügen schenkt und empfängt, so ist dieses Buch für Sie der richtige Weg. Es ist kein Handbuch des Sex. Es listet weder Stellungen auf, noch empfiehlt es Techniken. Vielmehr zeigt es Ihnen detailliert, wie Sie von Ihrer eigenen nonverbalen Kommunikation und der Ihres Partners lernen können, um so herauszufinden, welche Art der Körpersprache für Sie – im Bett und außerhalb – die richtige ist. Seine einfühlsamen Texte und Illustrationen machen Sie mit der Körpersprache vertraut, und die in ihm aufgezeigten »Erkundungsreisen« werden Ihnen helfen, die Körpersprache für sich selbst zu entdecken. Und es wird Ihnen die Fähigkeiten und Strategien, die Körpersprache einzusetzen, vermitteln – wie Sie eine sinnliche und geschlechtliche Beziehung eingehen, aufbauen und erhalten. Danach sind Sie am Zug.

Wie jede andere Sprache, so hat auch die sexuelle Körpersprache ihr eigenes Alphabet: individuelle Elemente, die wir kennen müssen, wollen wir keine Anal-

Perfekte Körpersprache. Die beiden sind sich ihrer gegenseitigen Zuneigung gewiß und lesen am Lächeln des Partners dessen wahre Gefühle ab. Aber sie kommunizieren auch auf vielen anderen Ebenen: Seine feste Hand auf ihrem Arm bekräftigt die Botschaft der Bindung, während beide unbewußt die Botschaften von Duft, Geschmack, Herzschlag und Atmung des anderen aufnehmen.

phabeten bleiben. Diesen Elementen begegnen Sie im vorliegenden Buch immer wieder, sie signalisieren alle Arten von Emotionen, sexueller Erregung und Gemütsverfassung. Einige Elemente vermögen wir allein durch Willenskraft zu verändern; über andere – etwa Atmung oder Puls – haben wir keine Kontrolle. Manche können wir nur durch Hinsehen lesen, andere durch Zuhören, und die subtileren durch Berühren, Schmecken oder Riechen. Indem wir uns ihrer in uns selbst bewußt werden und sie bei unserem Partner registrieren, werden wir diese Sprache schon bald fließend beherrschen.

Die Beobachtung von Körpersignalen aus einiger Entfernung oder aus der Nähe gibt uns zahlreiche Anhaltspunkte über unsere eigenen wahren Gefühle oder die einer geliebten Person. Wir können Posen studieren: wie ein Mensch steht, sitzt oder seinen Körper hält; Bewegungen und Gebärden: wie er reagiert oder Hände und Füße einsetzt; und die Körperspannung: die Art und Weise, wie jemand seine Muskeln hält, verrät Streß oder Entspannung. Wir sind herauszufinden imstande, wie Augen, Mund und Gesichtsmuskeln beim Gesichtsausdruck unseres Gegenübers zusammenspielen. Sobald wir einen Menschen gut kennen, registrieren wir vielleicht sogar, wie sich seine Hautfarbe mit der Stimmung ändert. Zuhören ermöglicht uns das Einstellen auf den Klang unseres Körpers oder den eines möglichen Partners. Die Stimme – nicht die Worte, sondern ihr Klang – gibt uns einen Eindruck von Betonung und Stimmung. Pulsfrequenz und Atemmuster verraten uns wichtige Details über unseren körperlichen und seelischen Zustand.

Wenn wir mit der Hand auf Tuchfühlung gehen, erhalten wir weitere Hinweise: zum einen dadurch, wie die Haut des Partners reagiert, wenn wir mit den Fingern darüberstreichen, jedoch auch, wie sein Körper sich anfühlt – warm oder kalt, hart oder weich –, wenn wir ihn berühren. Sobald wir seinen Geruch und Geschmack in vertrauter Nähe kennenlernen, haben wir weitere Anhaltspunkte für seine Gefühle, die uns diese kleinen intimen Signale geben. Es dauert vielleicht eine Weile und erfordert etwas Lernen und Üben, doch all diese Elemente der Körpersprache werden schon bald eine Bedeutung für uns haben.

Rechts: Die Grundlagen der Körpersprache helfen uns zu verstehen, was hier wirklich passiert. Er beugt sich mit dem ganzen Körper zu ihr hinüber, und seine Handgeste ist gleichermaßen herzlich wie vertraut; beide berühren sich nicht zum erstenmal. Sie erwidert sein Lächeln, doch wirkt sie etwas unsicher; durch ihre Beinstellung dreht sich der Unterkörper seitlich weg, und sie nimmt keine Hand vom Glas, um auf seine Geste einzugehen. Es dauert wohl noch eine Weile, bis das Versprechen dieser Berührung Realität wird.

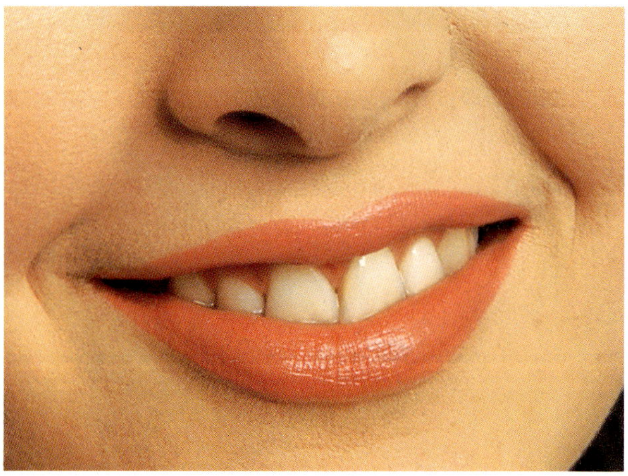

Unten: Ein warmes, freundliches Lächeln, von nahem gesehen, bietet die Möglichkeit, feinste Einzelheiten im Aussehen zu registrieren. Das Aufblitzen der Zähne sagt uns, daß es sich hier wohl um eine Frau handelt, da Frauen gesellschaftlich angehalten sind, breiter und ausdrucksvoller zu lächeln als Männer. Die hochgezogenen Mundwinkel und die leichte Hautrötung lassen vermuten, daß das Lächeln echt ist. Häufig beurteilen wir diese winzigen Körpersignale im Alltag falsch, und noch weniger sind wir uns unserer eigenen Signale bewußt.

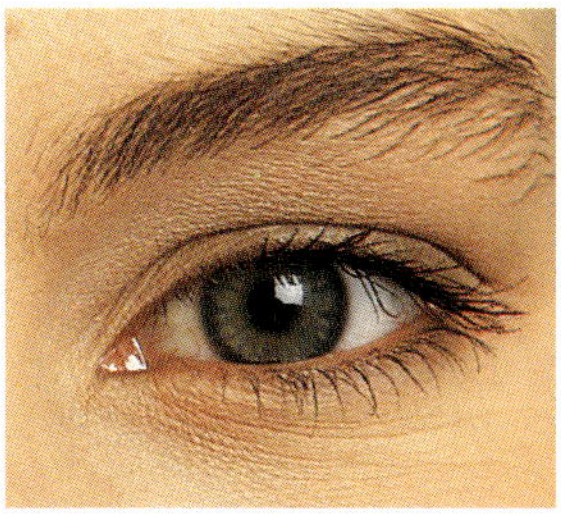

Oben: Das Auge birgt eine Fülle von Informationen, denn es sagt uns, ob jemand sich äußerlich oder innerlich konzentriert. Konzentration nach außen – Dinge, Umgebung und Menschen werden interessiert beobachtet – erkennt man an aufrechter Haltung, Beweglichkeit und Blickkontakt. Ist jemand innerlich konzentriert, so wägt er seine eigenen Aktionen, Gedanken und Gefühle ab. Anzeichen für letzteres sind eine zaghafte Pose, spärliche Bewegungen und ein unkonzentrierter oder nach unten gerichteter Blick. Keines von beiden ist gut oder schlecht; beides kann Zufriedenheit oder Besorgnis widerspiegeln. Doch oft ist es wichtig zu wissen, worauf sich ein Partner konzentriert, um so liebevoll wie möglich auf ihn eingehen zu können.

Links: Die förmliche Haltung dieses jungen Paares veranschaulicht, daß sich die Beziehung der beiden noch im Anfangsstadium befindet. Der Abstand zwischen ihnen ist ziemlich groß, obwohl Körperkontakt besteht: Er hat ihre Hand schützend in die seine gelegt, während ihre Hand locker und passiv bleibt. Ihr direkter Blickkontakt läßt indes vermuten, daß sich trotz des momentanen romantischen Augenblicks später die Chance zu mehr Intimität ergeben könnte.

Es ist wichtig, die nonverbalen Signale zu erkennen, wenn die ersten Phasen einer Beziehung erfolgreich verlaufen sollen. Hier scheint die Körpersprache positiv: die offensichtliche Art der Kopfhaltung, sein Blick und ihr Lächeln zeigen, daß sie beide die Gesellschaft des anderen genießen. Doch er sollte auf ihren rechten Arm achten, den sie von ihm weggedreht hat und wie schützend vor dem Körper hält. Was bedeutet das, und wie kann er erreichen, daß sie sich entspannt und ihm vertraut?

KAPITEL EINS

ERSTE BLICKE

Die ersten Schritte in einer Beziehung sind in vielerlei Hinsicht die schwierigsten, aber auch die aufregendsten. Wir stehen vor dem Risiko, uns einer Person zu nähern oder ihr zu erlauben, sich uns zu nähern, unsere Gefühle zu zeigen und Vertraulichkeiten zuzulassen. Doch schon allein der Gedanke an einen möglichen Erfolg, der diese ersten Schritte begleitet, ist aller Mühe wert. Vielleicht resultieren daraus eine lebenslange Beziehung, Glück und Erfüllung, wie wir sie nie für möglich gehalten hätten. Was immer geschieht, es lohnt sich. Aber sobald wir eine neue Beziehung beginnen, von der wir meinen, es könnte Liebe daraus werden, scheinen sämtliche früheren Erfahrungen plötzlich unbedeutend. Ganz gleich, wie zuversichtlich wir sind – wir machen uns Gedanken, ob wir Erfolg haben werden. Woher wissen wir, was wir tun, wohin wir schauen und was wir sagen sollen? Die entscheidende Tatsache, den richtigen Eindruck zu hinterlassen, überwältigt uns, und oft sind wir im Zweifel, ob wir überhaupt »ankommen«. Denn in dieser frühen Phase läßt sich nichts klar aussprechen, nahezu alles muß wortlos ablaufen; nur die Körpersprache kann uns vermitteln, was die andere Person denkt und fühlt und in welche Richtung sie sich bewegt – auf uns zu oder von uns weg.

Und die Körpersprache unterstützt uns auch beim ersten »Sichtungsvorgang«, indem wir unsere Reaktionen auf andere Menschen und deren Reaktionen auf uns einschätzen. Zuerst bemerken wir einen Menschen in einiger Entfernung, halten dann Augenkontakt mit ihm, beginnen ein Gespräch, tauschen Blicke aus und berühren uns schließlich. Die ganze Zeit über prüfen wir, ob von beiden Seiten aus Sympathie besteht. An jedem Punkt des Weges können wir uns zurückziehen oder abgewiesen werden. Vielleicht finden wir keine Gemeinsamkeiten und beschließen, uns schon in einem frühen Stadium zu trennen; vielleicht erleben wir aber auch immer mehr Harmonie, bis schließlich unsere Entscheidung feststeht und wir uns an der Schwelle zur Vertrautheit befinden.

Ort und Zeitpunkt

Unser Potential für Erfolg in der Liebe setzt nicht bei uns, sondern bei unserer Umgebung an. Wann und wo wir Signale der Körpersprache aussenden, entscheidet über ihren Sinn. In bestimmten Situationen ist ein vertraulicher Kontakt von vornherein ausgeschlossen, in anderen ergibt er sich sofort von allein.

Manche Umgebungen reflektieren eindeutig unsere Bereitschaft zu Kontakten. Dementsprechend werden in Weinlokalen, Diskotheken oder Bars solche auch geknüpft. Der Zweck dieser Orte läßt sich am Interieur ablesen: kleine Tische für die intime Unterhaltung, gedämpftes Licht für sanfte Blicke oder rhythmische Musik, die unseren Puls in Wallung bringt. Dagegen braucht die Botschaft im Supermarkt, in der Bücherei oder der Autowerkstatt – gleichgültig, wieviel Anziehungskraft wir signalisieren – einige Zeit, um anzukommen. Derartige Plätze dienen einem anderen Zweck; Liebe gehört eindeutig nicht dazu.

Ebenso werden Signale der Anziehung als solche nur in einer geeigneten Umgebung erkannt. Eine hohe emotionale Sicherheit ist zum Beispiel gegeben in der warmen, herzlichen Atmosphäre einer Party oder Hochzeit; körperliche Sicherheit verspürt man, wenn andere Menschen um einen herum sind – allerdings nicht in einer so großen Zahl, daß jede kritische Situation unbemerkt bliebe. Der gleiche Annäherungsversuch, der auf einer Party als völlig normal gälte, würde auf einem lebhaften Bahnhof oder spät nachts an einer Bushaltestelle sehr bedrohlich wirken.

Unter anderen Bedingungen wiederum sind die Menschen viel zu sehr auf ihre nichtsexuelle Persönlichkeit konzentriert, um auf uns zu reagieren. Während einer wichtigen Geschäftstagung würden sexuelle Annäherungsversuche nur schockieren; im örtlichen Kindergarten beispielsweise sind wir fast ausschließlich auf unsere Rolle als Eltern fixiert. Wie interessiert die Menschen auch sein mögen, sie reagieren nur dann, wenn ihr sexuelles Selbst obenan steht.

Wahre Orte der Liebe lassen sich kurz gesagt dort finden, wo Erwartung, Sicherheit und unser geschlechtliches Ich übereinstimmen. In einer solchen Atmosphäre brauchen wir nur eine Gelegenheit – die Möglichkeit, uns mit anderen zu treffen und Kontakte zu knüpfen –, damit echte Körpersprache beginnen kann.

Rechts: Eine Urlaubsdisco scheint hinsichtlich der Anbahnung zwischenmenschlicher Beziehungen ideal. Doch auf das abgebildete Trio wartet keine Romanze. Der junge Mann ist offensichtlich an dem blonden Mädchen interessiert; er beugt sich zu ihr herüber in dem Bemühen um einen Blickkontakt und redet auf sie ein. Aber sie signalisiert ihm auf jede denkbare Weise ihr Desinteresse und blockt ihn mit Arm, Bein und ausweichendem Blick ab. Ihre Kleidung deutet an, daß sie ihr sexuelles Selbst zur Schau trägt; tatsächlich aber fühlt sie sich weder sicher, noch möchte sie sich mit ihm unterhalten. Das dunkelhaarige Mädchen dagegen hat sehr wohl Lust zum Reden. Ihre Haltung, die man in häuslicher Umgebung als entspannt bezeichnen würde, wirkt in dieser Situation irgendwie aufreizend – ungeachtet der Tatsache, daß ihr keine Aufmerksamkeit zuteil wird.

Links: Die Graphik zeigt zwei wesentliche Punkte bei der Wahl einer Umgebung für den ersten Annäherungsversuch. Auf der senkrechten Achse erkennen wir, daß soziale Umfelder stets mehr Möglichkeiten bieten als Arbeitsbereiche, weil ihnen die Gesellschaft die Möglichkeit für Liebe zubilligt. Umgekehrt bieten Arbeitsumfelder mehr Sicherheit, denn wir wissen, daß wir morgen den Menschen wiedersehen werden, in den wir uns heute verliebt haben. Auf der waagrechten Achse verliert jede Situation, die nur von einem Geschlecht beherrscht wird, völlig die Sicherheit, da wir uns entweder im Konkurrenzkampf mit dem eigenen Geschlecht glauben oder uns durch zu viele Personen des anderen Geschlechts bedroht sehen. Der optimale Bereich für die Suche nach Liebe liegt wohl am oberen Ende der Längsachse nahe der Querachsenmitte.

Rechts: Die Spitze der Längsachse zeigt strukturierte Umgebungen, die für Liebe weit günstiger sind, falls sie das Druntermischen erleichtern; in einer strukturlosen Situation treffen wir vielleicht niemanden oder fühlen uns emotional zu unsicher, um selbst den ersten Schritt zu tun. Doch strukturierte Umgebungen, welche ein Druntermischen erschweren, können uns von genau jenen Menschen fernhalten, die wir zu treffen wünschen. Auf der Querachse erweist sich ein überfüllter öffentlicher Ort als passend für die ersten Schritte bei der Partnerwahl, solange es einen Grund gibt, sich unters Volk zu mischen. Für den ersten Kontakt sollten wir uns auf einen Moment hoch oben auf der Längsachse konzentrieren; wollen wir jedoch eine tiefere Bindung eingehen, wählen wir Gelegenheiten, die sowohl unstrukturierter als auch privater sind.

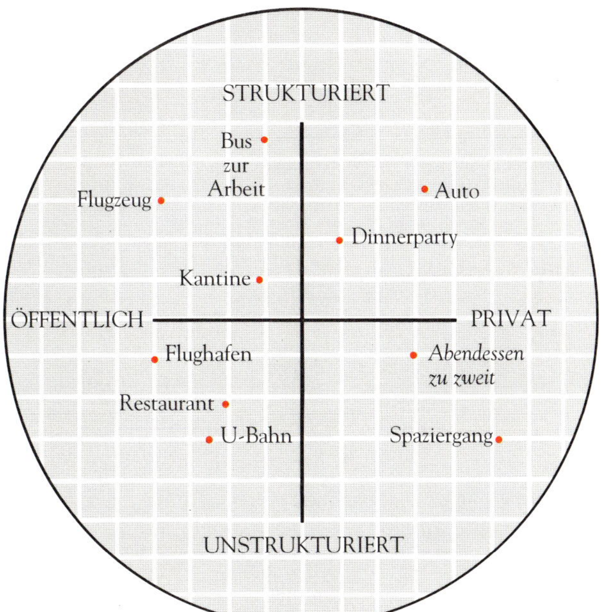

Der erste Eindruck

Der erste Eindruck ist wirklich entscheidend. Die ersten vier Minuten jeder Begegnung reichen aus, um uns ein Urteil über das Liebespotential unseres Gegenübers zu bilden. In dieser Zeit mustern Männer in aller Regel den Körper einer Frau von oben bis unten, um schließlich ihren Blick auf ihr Gesicht zu richten; Frauen konzentrieren sich dagegen auf Lippen und Augen: Wir suchen nach irgendwelchen Dingen, an denen wir Anstoß nehmen und die uns sagen, daß diese Person nichts für uns ist.

Worauf achten wir bei einer solchen »optischen Inventur«? Die Körpergröße kann wichtig sein: Frauen wünschen sich ihren Mann größer als sie selbst, und Männer haben Scheu vor größeren Frauen, die in ihren Augen meist unattraktiv oder dominant sind. Schlank gilt derzeit für beide Geschlechter als schön. Männer denken oft, Frauen stehen auf kräftige Muskeln und breite Schultern; dagegen gaben die anläßlich einer aktuellen Studie befragten Frauen an, daß sie schlanke Männer mit schmalen Hüften bevorzugten.

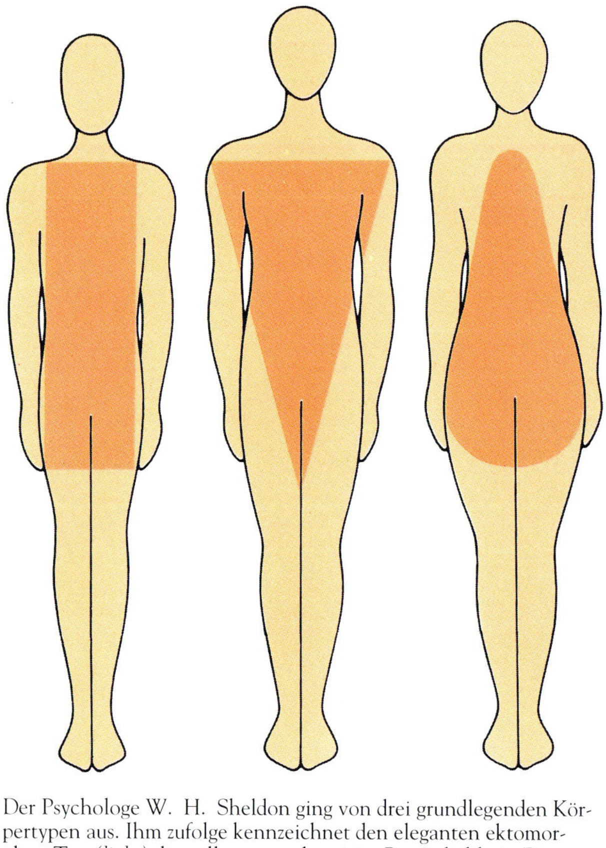

Der Psychologe W. H. Sheldon ging von drei grundlegenden Körpertypen aus. Ihm zufolge kennzeichnet den eleganten ektomorphen Typ *(links)* die stille, sture, ehrgeizige Persönlichkeit. Dem breitschultrigen mesomorphen Typ *(Mitte)* eignet er Abenteuerlust und Selbstbewußtsein zu. Den birnenförmigen endomorphen Typ *(rechts)* charakterisiert eine warmherzige, mitteilsame und vertrauensvolle Wesensart.

Auch die Kleidung hat Einfluß; wir glauben, daß das Äußere unser Innenleben widerspiegelt, daß altmodische Kleidung etwa auf eine gesetzte, wahrscheinlich unsexuelle Persönlichkeit und Schulterpolster auf einen Karrieretyp schließen lassen. Die Hautfarbe spielt ebenfalls eine Rolle; die Mehrzahl von uns wählt den Partner aus der eigenen Rassengruppe, obgleich die kulturelle Trennung inzwischen öfter überwunden wird, als dies noch vor zehn Jahren der Fall war. Blondinen gelten als lebenslustiger, also wird einer blonden Frau mehr Aufmerksamkeit zuteil als einer brünetten.

Desgleichen beurteilen wir andere nach ihrem Gesichtsausdruck; wir vergleichen Merkmale anhand einer komplexen geistigen Checkliste mit unseren eigenen, um herauszufinden, ob uns das, was wir sehen, attraktiv erscheint. Sind die Augen zu klein oder ist der Mund zu breit, verlieren wir das Interesse.

Wie gelangen wir zu diesen willkürlichen Urteilen? Zuerst einmal sind wir beeinflußt von Kultur- und Medienklischees, den Bildern, die uns suggerieren, was momentan als Schönheitsideal gilt oder nicht. Wir neigen auch dazu, Menschen zu favorisieren, die Geschlechtssignale wie etwa Brüste, Lippen, Augen oder Po betonen. Zudem glauben wir, daß man die Persönlichkeit am Aussehen erkennt; deshalb lehnen wir Menschen ab, weil wir sie aufgrund ihrer schmalen Lippen für geizig oder ihres übertriebenen Make-ups wegen für oberflächlich halten.

Viele unserer Urteile über das Aussehen beruhen auf falschen Vorstellungen. Die Medienklischees entspringen der Phantasie der Werbefachleute, Persönlichkeitstheorien sind häufig Überbleibsel mittelalterlichen Aberglaubens, und frühere Negativerfahrungen mit einem blonden Mann bedeuten nicht, daß der gesamten Kategorie der Ruf des bösen Buben anhaftet. Dagegen können wir jedoch nichts tun; wir werden unsere Liebeschancen auch weiterhin nach dem ersten Eindruck beurteilen.

Unten: Man könnte annehmen, die gefärbten Haare, das auffällige Make-up und die schwarzen Ledersachen seien Hinweise auf sexuelle Wildheit – was jedoch durch ihre stille Haltung und den schüchternen Augenausdruck widerlegt wird.

Unten: Dunkle Haupt- und Barthaare sind seit jeher ein Inbegriff für Kraft und Männlichkeit. Die resolute Haltung und der direkte Blick vermitteln einen Eindruck von Dominanz und Geltungsbewußtsein.

Unten: Die weibliche Schönheit schlechthin: schlank, groß und blond. Die stolze Eleganz, das tadellose Make-up, die Sonnenbrille und das effektvolle Erscheinungsbild verschaffen ihr ein »Rühr-mich-nicht-an«-Flair.

Rechts: Klassisches gutes Aussehen und das Lächeln mit Augen und Mund wirken spontan attraktiv. Mit dem aktuellen Trend zu glattrasiertem Gesicht und modischer Kurzhaarfrisur möchten Männer ihre weichere, sensiblere Seite andeuten.

Links: Viele Menschen glauben, Anzeichen des Älterwerdens und einige Pfunde zuviel machen eine Frau weniger schön, doch hier zählen der Gesamteindruck und andere Faktoren. Bei dieser Frau wirken der heitere Blick und die optimistische Haltung anziehend. Kurze Haare lassen bei Frauen auf einen aktiven, energischen Typ schließen, während lange Haare oft als ein Zeichen von Sinnlichkeit gelten.

Links: Seine lockere Haltung, sein Lächeln und die legere Kleidung vermitteln einen Eindruck von Lässigkeit. Erste Spuren des Alters lassen nachlassende Potenz vermuten, doch der Schein trügt!

Frei oder nicht?

Wer ist noch zu haben und wer nicht? Zu Beginn jeder Beziehung müssen wir sondieren, ob es sich lohnt, weiterzumachen. Wenn wir einen Annäherungsversuch in Erwägung ziehen, müssen wir uns also als erstes die Frage stellen, ob er willkommen sein wird.

Bei dieser Entscheidung behindert uns immer eine gewisse Unklarheit. Viele östliche Kulturen schreiben zwar bestimmte Kleidung, Frisuren oder Schmuck vor, um den Unterschied zwischen Verheirateten und Ledigen deutlich zu machen, doch in der westlichen Gesellschaft weisen im allgemeinen nur wenige eindeutige Anzeichen auf das Ungebundensein hin. Selbst ein Ehering am Finger kann irreführend sein und auf eine frühere Ehe oder das Bedürfnis nach gefühlsmäßiger Sicherheit hinweisen, und keinen zu tragen bedeutet sicherlich nicht totale Verfügbarkeit, insbesondere für Männer.

Verfügbarkeitssignale sind zudem geschlechtsspezifisch, was zahllose Mißverständnisse hervorruft. Sie erkennt an seinem Verhalten den Kontaktwunsch: Interesse an der anderen Person, subtiler Augen- und Körperkontakt, Lächeln und Fragen. Für ihn drückt sich das weniger in Interaktion als in offener sexueller Zurschaustellung aus: Wird der Busen betont, so kann er durchaus annehmen, daß es dafür einen Grund gibt. Doch in den Augen einer Frau sollen Kleidung und Make-up schön machen und kein Interesse signalisieren. Erstens hat sie kaum eine Wahl; in der westlichen Gesellschaft hat sich die Frau, unabhängig von ihrem Familienstand, attraktiv zu kleiden. Tut sie es, so wählt sie meist modische und oft auch »aufreizende« Kleidung. Häufig kann sie gar nicht anders, denn die gesamte Modeindustrie ist darauf ausgerichtet, sexuell attraktive Bilder zu kreieren. Wenn die Frau einen Minirock trägt, zeigt sie ihre Beine und übermittelt somit dem anderen Geschlecht bestimmte Botschaften, unabhängig davon, ob sie ledig, verheiratet, nymphoman oder Jungfrau ist.

Zweitens kleidet sich eine Frau selten mit der Absicht, ihr allgemeines Bedürfnis nach einem Partner zu offenbaren. Eine sehr junge Frau wird sich sexy anziehen, um Aufmerksamkeit zu erregen, obwohl sie bald merken dürfte, daß ihr mehr davon zuteil wird, als ihr lieb ist. Sie lernt schnell, wählerischer zu sein und zu

Oben: Ist diese Frau kontaktbereit oder nicht? Achten Sie nicht auf ihren kurzen Rock, er dient bloß als Ablenkungsmittel. Sie läßt keines der üblichen Anzeichen von Entgegenkommen erkennen. Für eine Frau ihres Alters wären sie nur zu eindeutig, noch dazu in der Öffentlichkeit, und es würde sich fast sicher jemand an sie heranmachen in der Annahme, sie sei auf Sex aus. Konzentrieren wir uns lieber auf ihre Sitzhaltung: den Körper von der Bar abgesetzt, Schultern und Hüfte zur Seite gedreht, damit sie gesehen werden kann, jedoch mit geradem Rücken, um einen selbstsicheren Eindruck zu vermitteln. Ihre Haltung und das angedeutete Lächeln sind anmutig genug, um attraktiv zu sein, doch nicht so anzüglich, daß sie bedrohlich aussieht; sie wirkt allenfalls spröde. Ihr ganzes Verhalten ist indes nach außen gerichtet. Sie schaut von sich weg nach unten – nicht provozierend aufdringlich –, während sie den Raum mustert, jedoch irgendwie darauf wartend, daß man sie bemerkt und einen ersten Blickkontakt herstellt. Berücksichtigt man all diese Faktoren, so vermittelt ihr ganzes Erscheinungsbild, daß sie eigentlich nur darauf hofft, daß jemand den Raum betritt, sie bemerkt und schließlich anspricht.

Oben: Was für einen Unterschied schon eine kleine Haltungsänderung bewirkt! Nun sind alle Signale negativ. Dieselbe Frau im selben Kleid an derselben Bar ist eindeutig kontaktunwillig. Mit nur einer geringfügigen Abwandlung hat sie die ganze Botschaft ins Gegenteil verkehrt, und es liegt auf der Hand, daß sie jeden Annäherungsversuch kurzerhand im Keim ersticken würde. Wie konnte sie das bewerkstelligen? Durch leichtes Zurückdrehen zur Bar hat sie ihre Richtung geändert; der Raum steht nun nicht mehr im Mittelpunkt ihres Interesses. Sie ist ganz in sich versunken. Den Kopf hat sie leicht gesenkt, um ihre Aufmerksamkeit und ihren Blick auf ihre Finger zu richten, welche auf eine Weise mit sich beschäftigt sind, die starke Emotionen erkennen läßt; dieser Frau geht eindeutig etwas durch den Kopf. Ihre hochgezogene rechte Schulter gibt ein unausgeglichenes, unglückliches Bild ihrer Lage, die sich auch an den Spannungslinien um Mund und Augen herum sowie den hervorstehenden Kehlnerven widerspiegelt. Sie signalisiert nicht nur ein »Nein«, indem sie sich nicht im Raum nach einem Gesprächspartner umschaut, sondern auch, daß andere Dinge sie weit mehr beschäftigen als eine mögliche Bekanntschaft.

entscheiden, auf wen sie anziehend wirken will, um dann mit Augen, Worten und Berührungen Signale der Körpersprache einzusetzen. Ist sie nicht interessiert, schaltet sie einfach wieder auf ein eher freundliches als sexuelles Verhalten um. Für gewöhnlich – und oft zur Verwirrung der Männer – hebt sie sich ihr gewagteres Outfit für später auf, wenn sie einen Partner gefunden hat und sicher ist, daß er sie »beschützt«, wenn sie es anziehen möchte.

Bei einem Mann liegen die Dinge anders. Selbst im gesetzten Alter ist er noch die treibende Kraft bei der Kontaktaufnahme; für ihn steht somit viel mehr auf dem Spiel. Er muß die Situation sehr schnell beurteilen. Angesichts seines traditionellen Status läßt ihm die Gesellschaft auch wenige Kleidungssignale, um seine Verfügbarkeit zu signalisieren; ob er nun Wolf oder Lämmchen, Streuner oder glücklich verheiratet ist, er wird seine Kleidung stets nach den gleichen enggesteckten Richtlinien wählen. Wenn er sich modisch anzieht, so besagt dies lediglich, daß er mit der Zeit geht; kleidet er sich gedankenlos, kann das einen Eindruck von mangelndem Selbstwertgefühl erwecken, es sagt jedoch nichts über sein Bedürfnis nach einer Partnerin aus. In sehr jungen Jahren signalisiert er sein Interesse hauptsächlich durch Vertraulichkeiten. Dabei fällt er nicht selten mit der Tür ins Haus und wird entsprechend häufig abgewiesen. Er mag versucht sein, an die Bedeutung von freizügigen Signalen, Kleidung und Make-up zu glauben und kann aus demselben Grund erneut enttäuscht werden. Oder er zeigt sein Interesse, indem er seine Fähigkeiten demonstriert und stolz darüber berichtet mit dem Ziel, die Auserkorene im Gespräch oder durch entsprechendes Benehmen zu beeindrucken. Doch nur zu oft wird sie sein Interesse als Angabe, sein Bemühen, Eindruck zu machen, einfach als Chauvinismus abtun. Selten sieht sie diese Signale als das, was sie wirklich sind – Zeichen, daß er bemerkt werden will oder Anschluß sucht.

Doch wenn er lernt, daß sich Kontaktbereitschaft und Anteilnahme durch Blickwechsel, Lächeln, Bewegungen in Richtung der anderen Person und interessierte Fragen äußern, so wird er zu seiner Überraschung plötzlich ein positives Echo auf seine Bemühungen registrieren.

Vorteilhafte Selbstdarstellung

Wenn wir jemand bemerken, auf den wir attraktiv wirken wollen, tun wir, was in der Tierwelt gang und gäbe ist: Wir präsentieren uns von unserer besten Seite. Wie ein Pfau plustern wir uns auf und stellen unsere positiven Attribute zur Schau. Herausputzen und Imponierverhalten sind unerläßlich; zum einen, weil sie uns begehrenswert erscheinen lassen, aber auch, weil sie unserem Gegenüber zeigen, daß er oder sie uns nicht gleichgültig ist.

Beim Schönmachen setzen wir sämtliche vorhandenen Talente der Körpersprache ein, die der Verbesserung unseres Aussehens dienlich sind. Wir ordnen die Frisur, fahren uns mit der Zunge über die Lippen, um sie verführerisch glänzen zu lassen, nehmen die Schultern zurück und ziehen den Bauch ein. Frauen korrigieren unbewußt Gürtel, Rocklänge oder Ohrringe; Männer prüfen den Sitz ihrer Krawatte oder streichen sich, wie um einen Bart abzuwischen, übers Kinn.

In solcher Aufmachung sind wir dann bereit für die Show, und mit leicht übertriebenen Bewegungen bringen wir dann aus der Distanz unsere Reize zur Geltung. Dies können unsere stärksten Punkte sein (glänzendes Haar, lange Beine, Schokoladenseite), aber auch jene Elemente unserer Erscheinung, die am männlichsten beziehungsweise weiblichsten wirken. Frauen setzen sich aufrecht zwecks Betonung ihres Busens; Männer plazieren sich schräg auf ihren Sitzen, damit ihre Schultern breiter wirken und der Hintern kleiner aussieht. Mitunter gehen wir sogar so weit, daß wir unbewußt auf unsere Geschlechtsteile hinweisen, indem wir mit den Händen über die Brüste streichen oder einen Schmollmund ziehen. Wir berühren uns auch viel häufiger als normal, um der Person, die uns gerade zusieht, die Freuden des Berührens vor Augen zu führen.

Neben der Präsentation unseres Geschlechts werden wir uns wohl auch für eine Herausstellung der Persönlichkeit entscheiden. Aufputzen und Imponieren haben nicht bloß den Zweck einer sexuellen Aufforderung; wir laden die andere Person ja fast immer auch dazu ein, mit uns in eine Beziehung zu treten – eine Beziehung, in der unser Status weniger wichtig ist als wie *wir* im Bett sind. Deshalb werden wir lächeln und lachen, um unseren Sinn für Humor zu demonstrieren. Wir werden ernst schauen, um klarzumachen, daß wir

Unten: Eine ideale Pose, attraktive Beine zu zeigen. Noch vorteilhafter kommen sie zur Geltung, weil die Dame ein Bein leicht anhebt – so daß die Form deutlicher sichtbar wird – und zusätzlich den Spann durchdrückt. Hier betont der kurze Rock die gezeigte Haut, obwohl es in manchen Situationen noch wirkungsvoller sein kann, Haut zu verbergen – etwa durch ein Kollier um den Hals oder einen Schal über den Schultern.

PERSÖNLICHER TEST

Versucht jemand, Sie zu beeindrucken? Stellen Sie im Zweifelsfall fest, wie viele dieser Beispiele für Imponierverhalten Ihnen auffallen:

- Schönmachen
- Präsentation der Person
- Geschlechtsspezifisches Imponieren
- Sexuelles Imponierverhalten
- Zurschaustellung der Persönlichkeit
- Botschaften auf Distanz
- Signalisieren von Interesse

Links: Auch wenn bereits eine Unterhaltung in Gang gekommen ist, kann man durch geschickte Selbstpräsentation Interesse signalisieren. Sie steht kokett, das Gewicht auf ein Bein verlagert, und macht mit erhobenem Kopf und gewinnendem Lächeln auf »kleines Mädchen« – ein Typ, der, wie sie weiß, nahezu unwiderstehlich ist. Er hingegen betont durch aufrechte Haltung und den angewinkelten Ellbogen seine Größe und die breiten Schultern, während seine Kopfhaltung interessiertes Zuhören verrät. Imponierverhalten ist stets nach außen gerichtet; in der offensichtlichen Konzentration auf die andere Person, die uns ansieht, besteht eine Möglichkeit, jemandem zu zeigen, daß er oder sie etwas Besonderes für uns bedeutet.

auch seriös sein können. Eine Frau kann den Kopf schieflegen, um sympathisch und warmherzig zu wirken, ein Mann durch eine geradere Haltung Selbstsicherheit vermitteln.

Sind wir sicher, daß uns Aufmerksamkeit zuteil und erwidert wird, so bekunden wir als letzte Form der Selbstdarstellung Interesse. Solchermaßen signalisieren wir: »Ja, Sie meine ich«, und geben durch Haltung und Gesten Anhaltspunkte: Füße, Kopf oder Hände weisen in Richtung des möglichen Partners. Jenem werden derartige Signale auch noch auf weitere Entfernung nicht unbemerkt bleiben.

Hier lauern aber auch Gefahren; so kann übertriebener Einsatz den Anschein erwecken, als seien Sie leicht zu haben, wodurch Sie Ihren Wunschpartner vielleicht vergraulen. Es kann Ihnen auch jemand bescheren, den Sie gar nicht wollen und der nicht merkt, daß Ihre Bemühungen einem anderen gelten. Richtig angewandt, ist dieses »Balzverhalten« jedoch eine wundervolle, effektive und lustige Methode, unsere Reize darzulegen und einen Partner anzulocken.

Distanz bewahren

Wie weit ist nun die sich anbahnende Beziehung gediehen? Um das herauszufinden, beobachten Sie die Entfernung zwischen Ihnen. Uralte Überlebensinstinkte bewirken, daß wir ein Gebiet als das unsrige markieren und das Eindringen von Fremden nur so weit dulden, wie wir ihnen vertrauen und sie mögen. Je näher wir Menschen an uns heranlassen, desto mehr können diese über uns erfahren, mehr vom Gesicht ablesen, mehr aus dem Klang der Stimme heraushören, schließlich sogar Stimmungen anhand von Geruch und Geschmack spüren.

Es gibt vier Distanzzonen, innerhalb derer wir agieren. In der öffentlichen Zone (über dreieinhalb Meter Abstand) können wir jemand sehen, aber nicht deutlich hören; in dieser Entfernung laufen wir an Menschen auf der Straße vorüber. In der sozialen Zone (dreieinhalb bis etwas mehr als einen Meter) vermögen wir einer Unterhaltung zuzuhören und optische Details wahrzunehmen, jedoch die Person nicht zu berühren; die meisten Kollegen und Bekannten kommen so nah. In der persönlichen Zone (etwa einen Meter bis fünfzig Zentimeter) dürfen Freunde uns genau ansehen, zuhören und auch berühren. In die letzte, die intime Zone (weniger als fünfzig Zentimeter), lassen wir nur Kinder, enge Freunde und Liebespartner vordringen. Jetzt verschwimmen die Umrisse des anderen vor unseren Augen, wir sprechen leiser, und wir können die Körperwärme des Partners riechen, spüren sowie ihn jederzeit berühren.

Diese Abstände sind flexibel. Bei zwei Frauen liegen sie meist geringer, bei Männern eher größer. Unterschiede bestehen auch zwischen den Kulturen: Mitteleuropäer und Skandinavier wahren ihre Distanzzonen, wogegen in einigen mediterranen und afrikanischen Kulturen noch viel geringere Abstände als die oben beschriebenen akzeptiert werden.

Doch in allen Fällen beginnt sich jeder sofort unbehaglich oder gar bedroht zu fühlen, wenn die oft unbewußt gezogene Grenze ohne Einladung überschritten wird. In der Öffentlichkeit, etwa in überfüllten Zügen, wo solche Grenzverletzungen unvermeidbar sind, schützen wir uns mit Hilfe persönlicher Barrieren: Wir ignorieren unsere Umwelt, verschränken die Arme und sitzen ganz still.

Kommt uns hingegen jemand in einer privaten Situation näher, als uns recht ist, können wir energischer reagieren. Unsere Barrieren können Taschen, Bücher, verschränkte Arme oder ausgestreckte Beine sein; wir können uns aber auch abwenden, den Blickkontakt vermeiden oder auf etwas hinweisen, das die Aufmerksamkeit von uns lenkt: irgend etwas, das die Distanz vergrößern und so den Gefühlsdruck abbauen hilft. Das kommt selbst in langjährigen intimen Beziehungen vor, wenn einer der Partner gefühlsbedingt ungestört sein möchte und seine Privatsphäre verteidigt.

Was aber, wenn unsere Absichten das genaue Gegenteil bezwecken sollen? Wenn wir nicht uns schützen, sondern die Distanz zwischen uns und einem möglichen Partner überbrücken wollen? Der erste Schritt aus der öffentlichen Distanz besteht darin, durch Zurschaustellung (siehe Seiten 20–21) und danach durch Blickkontakt (siehe Seiten 24–25) Interesse zu signalisieren. Doch auch wenn Sie sich vergewissert haben, daß man Ihren Vorstoß in die soziale Zone begrüßen würde, bedarf es trotzdem eines plausiblen Grundes, die Trennlinie zu überqueren. Jetzt ist es an der Zeit zu irgendeinem harmlosen Vorwand. Sie können etwa um Feuer für Ihre Zigarette bitten, sich einen Regenschirm teilen oder zusammen tanzen – sozial gesehen alles akzeptable Formen, den Schritt zu tun, während Partys und Discos schon durch ihre Beengtheit Abstände reduzieren. Unbeengte soziale Situationen empfinden wir oft als enttäuschend, da sie keine Gelegenheit zur Distanzreduzierung und somit weniger Möglichkeiten für gefühlsmäßige Nähe bieten.

Der letzte Schritt in die intime Distanz kann so plötzlich wie schnell erfolgen; haben wir uns beide dazu entschlossen, dauert es vielleicht nur Sekunden, bis sich unsere Blicke kreuzen und wir uns einander unmittelbar annähern. Sobald dies passiert und die intime Grenze überschritten ist, verzehnfachen sich die Chancen auf einen späteren sexuellen Kontakt. Dieser Schritt ist daher in vielfacher Hinsicht eine Entweder-oder-Situation. Mißlingt unser Vorstoß, können wir einen möglichen Partner endgültig in die Defensive drängen. Haben wir aber Erfolg, dann dürfte dem Aufbau einer intimen Beziehung nichts mehr im Wege stehen.

Links: Für dieses Paar, das sich offensichtlich noch nie begegnet ist, wäre es einfach nicht akzeptabel, auf Berührungsabstand zusammenzurücken. Aber sie tun das Nächstbeste: Sie stehen in derselben Tür, und während sie eine respektable, sichere soziale Distanz wahren, beginnen sie die Kluft zu überbrücken. Sie stehen in der gleichen Positur und halten ihre Aktentasche jeweils in derselben Hand. Sie haben dasselbe Ziel, vielleicht warten sie auf einen Bus oder eine geschäftliche Verabredung. Und jeden Moment wird sie auf seinen Wink eingehen und ihn fragen, ob ihre Uhr richtig geht.

PERSÖNLICHER TEST

Wie nah lassen Sie Menschen an sich heran? Denken Sie an vier Personen, die Sie unterschiedlich gut kennen: zum Beispiel einen Bekannten, einen Kollegen, einen Freund und den/die Partner/in. Auf welche Distanz, glauben Sie, könnten sich Ihnen diese Personen nähern, so daß Sie sich noch wohl fühlen? Probieren Sie bei der nächsten Begegnung einmal geringere und größere Abstände zwischen sich und Ihrem Gegenüber aus, um herauszufinden, wo Ihre jeweilige tatsächliche Entfernungstoleranz liegt.

(1)Bekannter (2)Kollege (3)Freund (4)Partner/in oder enge/r Verwandte/r

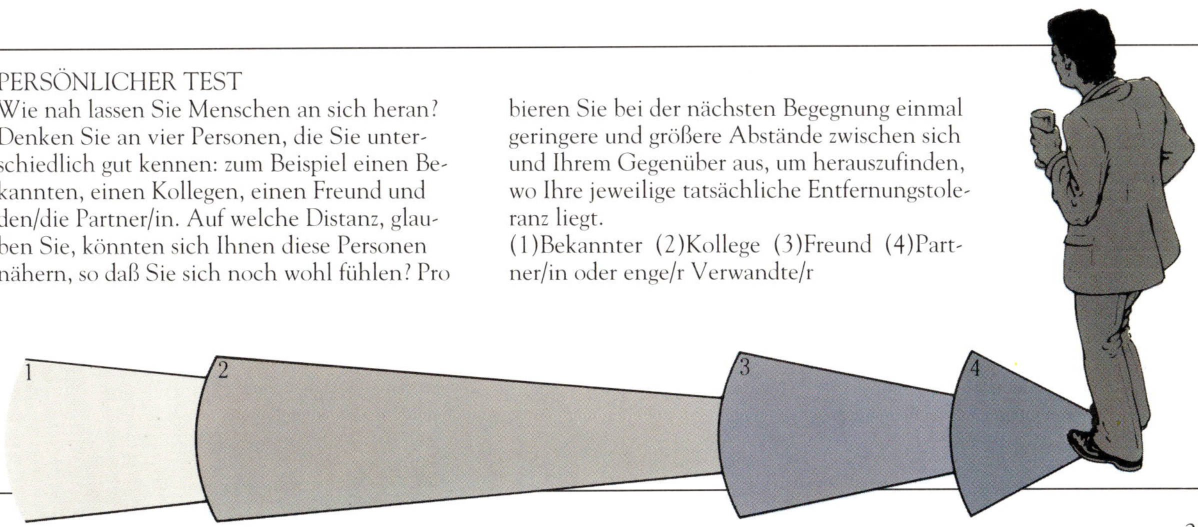

Der Blick der Liebe

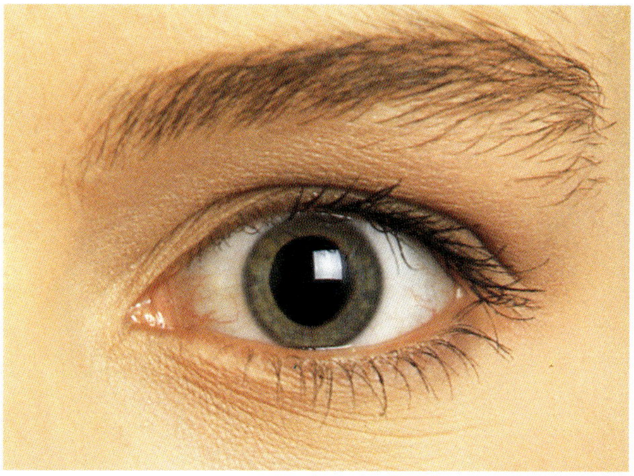

Oben: Erweiterte Pupillen sind selbst auf einige Entfernung erkennbar. Die Iris weitet sich, so daß mehr Licht ins Auge gelangen kann, was Aufgeschlossenheit und Aufnahmefähigkeit suggeriert. So kann einem möglichen Partner bekundet werden, daß er oder sie Gegenstand des Interesses ist. In früheren Zeiten bedienten sich italienische Kurtisanen winziger Mengen des Gifts Belladonna, um ihre Augen als Schönheitsmerkmal größer zu machen. Bei blauen Augen läßt sich die Pupillenerweiterung deutlicher feststellen; vielleicht gelten sie deshalb als so attraktiv.

Die Augen sind unsere Fenster zur Welt – als Baby können wir schon mit vier Wochen unsere Mutter anlachen. Wenn wir älter werden, drücken wir mit den Augen nicht nur unser Interesse an Dingen aus, sondern auch unseren körperlichen, geistigen und gefühlsmäßigen Zustand. Sind wir dabei, uns zu verlieben, erweisen sich unsere unbewußten und unkontrollierbaren Augensignale als ein absolut zuverlässiger Spiegel unserer Gefühle.

Augen machen es leicht, eine erste Anziehungskraft zu signalisieren oder zu registrieren, solange die öffentliche Distanzzone noch nicht überschritten ist, weil uns das Weiße im Auge die Blickrichtung verrät. Nach dieser ersten Erkenntnis machen visuelle Kontaktspiele viel Spaß. Auf einige Entfernung können wir viel länger Blicke austauschen, als normalerweise akzeptabel wäre; wir können auch standhaft herüberschauen, uns abwenden und dann rasch noch mal hinsehen, um den anderen beim Gucken zu überraschen.

Nach einer solchen Kontaktaufnahme gelten andere Regeln. Wenn wir einem Menschen nahe sind, erkennen wir sehr schnell unterschwellige Anzeichen von Desinteresse, daher achten wir in der Regel genauer darauf, was wir durch unsere Blicke preisgeben, und wollen seine Intimsphäre respektieren, indem wir seinen oder ihren Blick nicht zu lange erwidern. Unterdessen werden wir jedoch auch weiterhin Absichten anhand dessen zu ergründen versuchen, was uns die Augen verraten.

Die Dauer, wie lange man einen Menschen ansieht, signalisiert sowohl Interesse als auch Vertrauen. Männer schauen oft länger und direkter hin als Frauen, während der tiefe Blick einer Frau allgemein als bedrohlich oder als eine offene sexuelle Aufforderung ausgelegt wird. Andererseits schauen Männer auch mal länger weg: in unserer Gesellschaft ein Zeichen für Dominanz. Frauen neigen dazu, bei jemandem, an dem sie interessiert sind, häufiger weg- und wieder hinzusehen und zeigen dadurch, daß ihnen das Wohlergehen und Glück anderer Leute am Herzen liegt.

Die Blickrichtung kann uns die Gefühle eines Menschen verraten: Forschungen haben ergeben, daß ein

Links: Sein direkter Blick drückt aus, daß ihm an dem, was sie sagt, etwas liegt. Während sie wegsieht, um sich einen Moment lang auf ihre Gedanken zu konzentrieren, flirtet sie auch mit ihm und nutzt die Pause im Blickkontakt, um sowohl sein Interesse zu steigern als auch ihres zu zeigen. Ihr Lächeln und ihr geneigter Kopf versichern ihm, daß die kurzzeitig unterbrochene Blickverbindung keine nachlassende Aufmerksamkeit bedeutet.

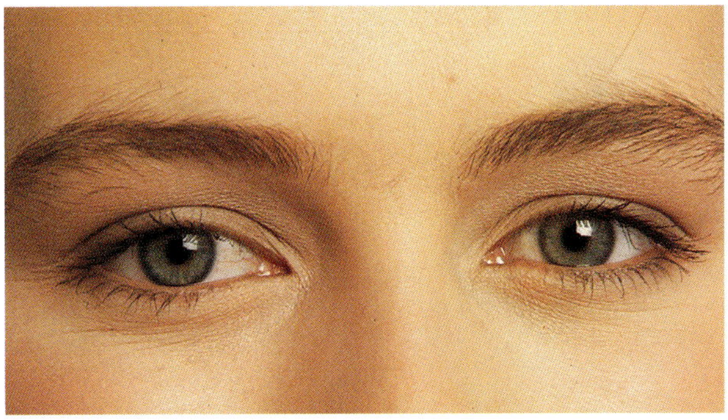

Oben: Ihr klarer Blick zeigt, daß sie zufrieden ist. Die leichte Muskelspannung um die Augen herum rührt vom Scharfsehen und vom Muskeltonus, der ihr ganzes Gesicht durch das Lächeln, das wir auf ihren Lippen vermuten, überzieht.

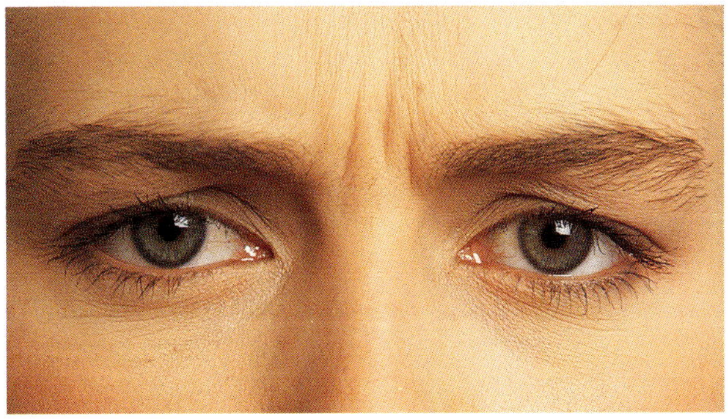

Oben: Ein unsicherer Blick verrät sich durch die Muskelspannung um Lider und Brauen. Die »verwirrten« Linien auf der Stirnmitte zeigen, daß sie gerade eine Entscheidung trifft.

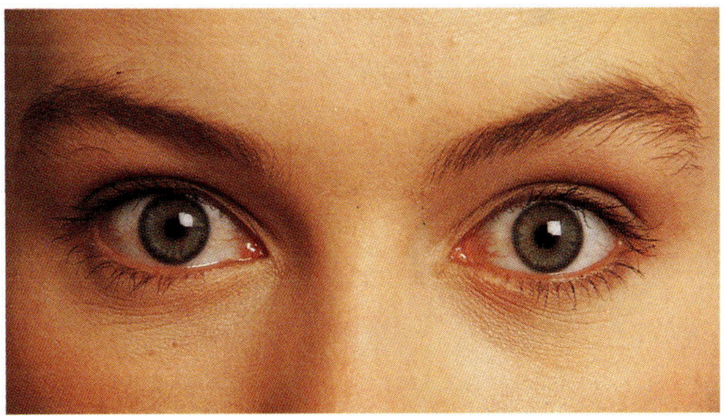

Oben: Weit aufgerissene Augen verleihen wütenden Blicken ihre intensive Wirkung. Die leichte Rötung um Ober- und Unterlid herum zeugt von starker Erregung; vielleicht weint sie gleich vor Wut.

anhaltender Blick nach unten starke innere Erregung reflektiert; ein Blick nach oben weist auf eine gewisse Verinnerlichung hin, und ein Blick zur Seite kann bedeuten, daß wir Worte oder Geräusche im Geist nachvollziehen oder uns in Erinnerung rufen.

Auch die Form der Augen spielt dabei eine Rolle. Weit geöffnet signalisieren sie, gerade in Verbindung mit erweiterten Pupillen, Interesse. Schmale Augen drücken entweder Verlangen aus, wenn wir unseren Blick auf unsere Wunschperson konzentrieren, oder, in Verbindung mit einem Stirnrunzeln, Unsicherheit hinsichtlich alternativer Möglichkeiten. Feuchtigkeit im Bereich der Augen bedeutet ein sicheres Indiz für emotionale Erregung; ein erfahrener Liebhaber wird bei seinem Partner den hauchdünnen Schleier der Leidenschaft bemerken – oder wie als Vorbote für Tränen das Unterlid feucht wird.

Und wenn wir uns dann endlich dem Rausch sinnlicher Freuden überlassen, ist der lange, direkte, leicht verschwommene Blick in die Augen unseres Partners unverkennbar der Blick der Liebe.

Sprich mit mir

Die sexuelle Körpersprache hat nichts mit gesprochenen Worten gemein. Trotzdem erfahren wir durch die Art, wie jemand spricht, eine Menge über einen möglichen Partner. Die Stimme hat zu Anfang maßgeblichen Einfluß auf unsere Reaktion, insbesondere wenn es sich, wie etwa bei einem Telefonanruf, um unsere erste Kontaktaufnahme handelt.

Oftmals beurteilen wir die Persönlichkeit danach, wie laut jemand spricht: Leise Stimmen lassen auf schüchterne oder introvertierte, laute dagegen auf selbstbewußte, positiv eingestellte Persönlichkeiten schließen. Doch die Lautstärke ist auch je nach Kultur und Situation verschieden: So reden Amerikaner und Bewohner des Mittelmeerraums oft lauter als Engländer. In einer Bibliothek etwa werden die meisten von uns die Stimme senken; draußen vor der Tür sprechen wir automatisch wieder lauter.

Wir neigen dazu, Tempo und Rhythmus der Stimme mit Gedankenmustern zu assoziieren. So halten wir Schnellsprecher für entsprechend fix im Denken und umgekehrt. Erregung beflügelt jedoch die naturgegebene Stimme eines Partners, wogegen sich Kummer oder Niedergeschlagenheit verlangsamend auswirken, und der natürliche Sprechrhythmus kann durch Betonen einzelner Wörter oder Phrasen, die der Sprecher als wichtig ansieht, unterbrochen werden.

Die Tonhöhe ist ein klassisches, wenn auch überfrachtetes Merkmal für Männlichkeit bei Männern und Weiblichkeit bei Frauen. In unserer Vorstellung haben gutgebaute Männer eine tiefe und feminine Frauen eine hohe Stimme. In Wirklichkeit tritt hierbei eine beträchtliche Überlappung auf, und ein rauchiges Timbre gilt oft bei Frauen als besonders attraktiv. Auf der anderen Seite kann eine gehauchte Tonlage einen beschwichtigenden oder zaghaften Eindruck erwecken, wenngleich sich die meisten Menschen unter Streß atemlos anhören.

Neben akustischen gibt es auch andere Signale, die uns bei einer Unterhaltung mit Informationen versorgen. Unsere Sprache wird häufig von einer ganzen Reihe von Hand- und Körperbewegungen begleitet, wenn wir Worte betonen, verdeutlichen oder ihnen eine zusätzliche Bedeutung geben. Diese »Taktstockgesten« untermalen mit Händen oder Füßen den Rhythmus eines Satzes und heben hervor, worauf es dem Sprechenden wirklich ankommt. Hierbei erkennt man proximale, das heißt körpernahe, nach innen gerichtete Bewegungen, die Angst und Hilflosigkeit signalisieren, und distale, also Auswärtsbewegungen vom Körper weg, die von Selbstsicherheit zeugen.

Haben sich unsere ersten Eindrücke gefestigt, so offenbaren wir unsere Gefühle oft mehr in der Stimme als im Verhalten, das von uns bewußter gesteuert wird. Denn sobald uns jemand anzieht, ändert sich unsere Stimme. Sie wird sofort tiefer und leiser, und wir sprechen langsamer, wodurch wir die andere Person zum Näherkommen animieren, um uns hören zu können. Erfahrene Verführer machen sich diesen Effekt zunutze, um eine bis dahin nichtintime Unterhaltung langsam und unmerklich in die von ihnen gewünschte Richtung zu lenken.

Ebenso lernen zwei Menschen, die eine gefühlsmäßige Bindung eingehen, nicht nur den Eigenklang ihrer Stimme einander anzugleichen (siehe Seiten 32–33), sondern auch, in den natürlichen Rhythmus

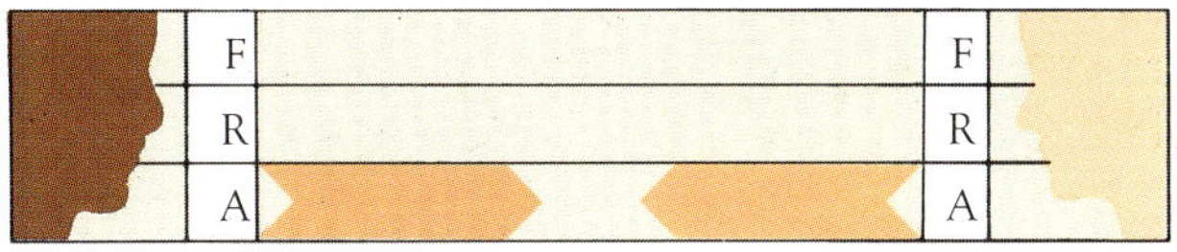

Hier besteht keine Beziehung. Ihre Aussagen sind völlig zusammenhanglos; sie hören kaum, was der andere sagt.

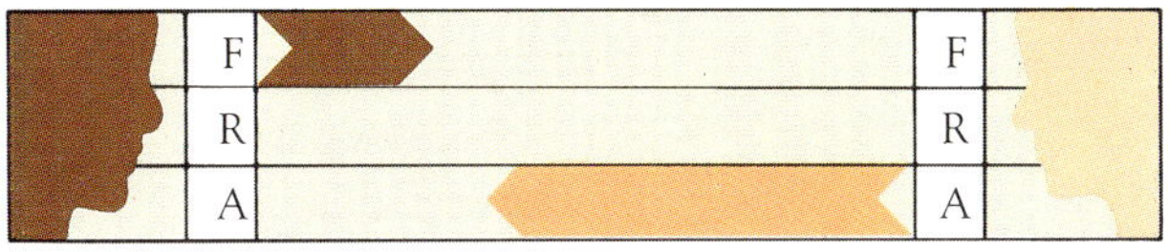

Er meint, er mache es prima, weil er viel redet. Sie stellt die Fragen und rechnet sich aus, wie rasch sie entkommen kann.

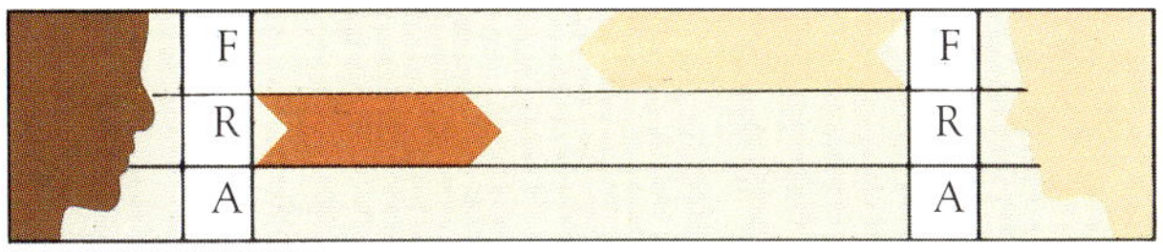

Sie ist interessiert, großenteils ermutigt durch seine aufrichtigen Fragen. Die Beziehung ist unharmonisch, doch nicht chancenlos.

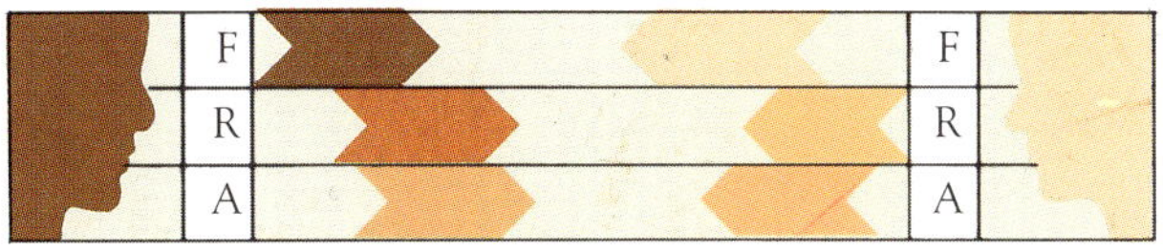

Diese Beziehung wird sicher halten. Beide tragen gleichermaßen zum Gespräch bei; sie fragen und geben freiwillig Auskunft.

Oben: Die Mädchen links im Bild führen eine lockere, aber gleichberechtigte Unterhaltung. Dies wird dadurch ersichtlich, wie sie einander zugewandt sind, während sie sich in Gesichtsausdruck und Handbewegungen anpassen. In der Mitte findet jedoch eine ganz andere Interaktion statt. Sein lebhaftes Gesicht und die ausholenden Gesten lassen auf sein großes Engagement hinsichtlich des Gesprächsthemas schließen. Sie jedoch hat sich innerlich zurückgezogen, läßt den Blick sinken und lächelt höflich-abwesend.

Oben: Wenn Sie wirklich erkennen wollen, ob eine Beziehung erfolgreich sein wird, achten Sie auf die Ausgewogenheit in der verbalen Interaktion. Eine Unterhaltung läßt sich in die Aussagen (A), Fragen (F) und Antworten (R) einteilen. Die vier Graphiken zeigen typische Interaktionen, die eine Menge über die Beziehung der Sprechenden aussagen. Je ausgewogener beide Personen in jedem dieser drei Bereiche etwas beitragen und auf das soeben Gesagte eingehen, desto größer ist die Chance, daß die Beziehung hält.

einer harmonischen Unterhaltung zu verfallen. Wir spüren, wann wir reden sollen und wann zuhören. Wir registrieren anhand von »Unterbrecherzeichen« wie Gesprächsüberschneidungen, »Ja-aber«-Sätzen und Aufmerksamkeit erregenden Taktstockgesten, wann der Partner etwas sagen möchte. Wir lernen, wann er geendet hat, indem wir seine »Übergabesignale« erkennen: eine hervorgehobene Phrase, die offensichtlich einen Satz beschließt, ein erneuter Blickkontakt, wenn er die Führung abgibt und mit einer letzten Taktstockgeste zeigt, daß der andere nun an der Reihe ist.

Ein wirkliches Merkmal einer sich entwickelnden Beziehung ist die wachsende Fähigkeit, zuzuhören und zu lernen.

PERSÖNLICHER TEST

Achten Sie bei Ihrer nächsten Unterhaltung statt auf die Worte selbst auf die nonverbalen Signale. Was sagen sie Ihnen über das aus, worüber Ihr Gegenüber spricht?

- Lautstärke: Wie laut, welche Variationen?
- Geschwindigkeit: Wie schnell fallen die Worte, mit welchen Variationen?
- Rhythmus: Welche Rhythmen, welche Variationen können Sie feststellen?
- Tonhöhe: Ist die Stimme hoch oder tief, welche Variationen?
- Taktstockgesten! Was betonen sie?
- Körpernahe oder -ferne Bewegungen: Was für welche?
- Unterbrecher- und Übergabesignale: Was für welche?

Die feine Kunst des Flirtens

Flirten ist eine feine Kunst. Oberflächlich eingesetzt, soll sie Menschen zum Weitergehen veranlassen, wenn wir keine Absicht hegen, uns auf eine ernstere Beziehung einzulassen. Herzlich angewandt ist sie ein Weg, unser Interesse an einem Menschen offen zu zeigen und dieses gleichzeitig in uns zu bewahren.

Ein Flirt besteht aus drei Komponenten: »rangehen«, »zurückziehen« und »abblocken«. Alle drei sind sorgsam darauf angelegt, uns und einen möglichen Partner in den ersten Momenten einer Beziehung in Kontakt zu halten, bis sich beide Seiten entschieden haben, jenen entweder zu vertiefen oder doch lieber abzubrechen.

Das »Rangehen« beinhaltet alle komplexen Signale der Anziehung in verstärkter und übertriebener Form. Wir rücken näher, stehen uns direkt gegenüber und wechseln Blicke; wir präsentieren uns, gehen aus uns heraus und stellen den Partner in den Mittelpunkt unserer Aufmerksamkeit. Unsere Stimme wird leiser, sanft und heiser, und wir ahmen Geräusche nach, wie sie beim Liebesakt vorkommen können. Wir finden Gründe, ja sogar Entschuldigungen für flüchtige Berührungen, wenn wir ihr ein Glas Wein einschenken, etwas überreichen oder seinen Arm bei der Pointe eines Witzes tätscheln.

Wir lächeln auch. Ich meine das herzliche, breite und symmetrische Lächeln, das die Mundwinkel hochzieht und Fältchen um die Augen hervorruft. Männer lächeln zwar seltener als Frauen, beim Flirten tun sie es dennoch oft.

Alle diese Elemente der »Rangeh«-Phase sollen unserem möglichen Partner versichern, daß wir trotz der nun vorhandenen Nähe nicht das Interesse verloren haben. Wir sind allenfalls verliebter. Doch wirkliches Flirten bedeutet, in dieser Phase einen weiteren Aspekt ins Spiel zu bringen für den Fall, daß unser Gegenüber sich zu entspannen beginnt und woanders hinschaut, auch wenn wir uns erst seit einigen Augenblicken kennen.

Diese Dimension ist das »Zurückziehen«: winzige, flüchtige Gesten des Abwendens oder entsprechende Bewegungen. Wir drehen den Kopf zur Seite, ändern für einen Moment die Blickrichtung und konzentrieren uns dann wieder auf unser Gegenüber. Wir verstecken uns hinter einem Weinglas, der Hand vor dem Gesicht oder Mund oder hinter leicht gesenkten Augenlidern – moderne Gegenstücke zum Fächer vergangener Jahrhunderte.

In dieser »Rückzieh«-Phase, die nur einige Sekunden dauern kann, jedoch regelmäßig in sehr kurzen Abständen wiederholt wird, ist unsere Stimme wieder ganz normal, fast so, als wären wir uns unserer intimen Gedanken plötzlich bewußt geworden. Wir ziehen uns auch geistig zurück und konzentrieren uns nach innen, wobei wir mitunter ins Leere schauen oder kurz die Augen schließen, als bräuchten wir eine Kontaktpause. Der Gesamteindruck ist der eines momentanen Rückzugs. Wir lächeln seltener und weniger breit: Jenes fei-

Oben: Sie schirmt ihn körperlich und emotional ab. Ihre Hand an seinem Revers zeigt die eindeutige körperliche Verbundenheit der beiden – für andere ein Signal, nicht zu stören. Zudem sorgt die Berührung dafür, daß seine Aufmerksamkeit nicht von ihr abgelenkt wird. Sie hat seine Zuwendung auch gefühlsmäßig im Griff; man erkennt klar an ihrem angespannten Mund und dem gesenkten Blick, daß sie etwas Ernstes sagt. Er muß sich bei seiner Antwort auf ihr Innenleben konzentrieren, und ihr Ausdruck wirkt auf jeden anderen abschreckend.

Oben: Er schirmt sie ab, indem er zu ihrer Sessellehne hinübergreift, und auch mit der Schulter will er verhindern, daß sie mit anderen Personen Blickkontakt hat. Dies ist ein typisch männliches Abblocken. Mit ausgestrecktem Arm oder Bein soll es anderen Männern schwergemacht werden, sich ihr zu nähern, oder ihr, sich davonzumachen. In unserem Fall hat sie offenbar gar keine Lust dazu; sie hat ihn ihrerseits durch stetigen Blickkontakt und ihr Lachen total mit Beschlag belegt. Beachten Sie auch ihre »versteckte« Aufforderung, während sie mit einer Hand ihr Gesicht bedeckt.

Links: Ein kleiner Flirt an der Bar eines Restaurants. Sie sieht ihn von der Seite an und legt den Kopf etwas schief; ihr Körper ist von ihm weggedreht, aber ihre Beine sind in seiner Richtung überkreuzt. Derweil ist er momentan abwesend. Die Speisekarte gibt ihm Anlaß, seine Aufmerksamkeit kurz auf etwas anderes zu richten und den Blickkontakt mit ihr zu unterbrechen. Aber er bekräftigt sein Interesse, indem er sich zu ihr vorbeugt und auf ihre Einladung, ihre Hand zu berühren, eingeht.

PERSÖNLICHER TEST
Denken Sie an einen früheren Flirt. Was taten Sie, um zum Ziel zu kommen? Was hätten Sie tun können, um Ihren Flirt damals erfolgreicher zu gestalten?

ne Lächeln, das unsere Zähne nicht entblößt und beinahe förmlich wirkt, läßt ahnen, daß wir mit einemmal ernstere Gefühle bei uns registrieren.

Doch all diese Rückzieher, deren Zweck darin besteht, das Interesse der anderen Person wachzuhalten, bergen auch ein Risiko: In den kurzen Momenten unseres »Abschaltens« könnte sich unser möglicher Partner vielleicht zu langweilen beginnen und sich innerlich von uns entfernen. Unsere Lösung besteht darin, eine »Blockade« zu errichten, die verhindert, daß unser Partner jemand anderen bemerkt und auch von niemandem sonst bemerkt wird. Hierfür stehen uns verschiedene Möglichkeiten zur Verfügung, etwa indem wir unseren Körper strategisch einsetzen, uns vorbeugen oder mit einem Arm beziehungsweise einem Bein den Partner »abdecken«. Bewegungen, Worte oder Berührungen – all das kann helfen, uns seine Aufmerksamkeit zu erhalten.

So ein Flirt kann verwirren, wenn Sie auf der Empfängerseite sind. Wenn er als Anbandeln unter eindeutig sexuellem Aspekt aufgefaßt wird, bringt er manche Menschen ganz schön in Rage. Zudem läßt sich hierbei schwer ausmachen, ob jemand wirklich Interesse hat oder nur so tut. Entscheidend ist – wenn sich Ihr Partner in der »Rückzug«-Phase befindet –, ob er auch Sie gleichzeitig von anderen Kontakten abschirmt. Falls ja, dann können Sie ziemlich sicher sein, daß er ehrlich mit Ihnen flirtet.

Links: Er geht auf Tuchfühlung mit ihr, doch ist sie offenbar gar nicht in der Stimmung dazu. Sie will ihn auf Distanz halten. Sie dreht sich soweit wie möglich von ihm weg, und ihr Kopf weicht seinem Mund aus. Ihre rechte Hand hängt zwischen ihnen lose herab, während die andere sich in einer spontanen Geste schützend über ihren Busen legt. Sie hat die Augen gesenkt, um seinen Blick nicht erwidern zu müssen, und auch ihr starrer Mund drückt aus, daß sie ihm nichts mehr zu sagen hat. Dies mag vielleicht jedoch nur eine Phase in ihrer Beziehung sein. Häufig bietet solch ein Rückzug einfach eine Möglichkeit, zu Anfang einer Beziehung mal kurz Abstand zu gewinnen und das Tempo zu drosseln. In diesem Fall können Sie einem möglichen Partner helfen, zu überdenken, was er oder sie wirklich will, indem Sie Ihre Signale der Zuneigung bremsen. Vergrößern Sie für eine Weile den natürlichen Abstand zwischen Ihnen und ziehen Sie sich aus dem intimen Bereich in die persönliche Zone zurück. Verzichten Sie auf Berührungen und Annäherung; bemühen Sie sich vielmehr, die Körperhaltung Ihres Partners zu imitieren. Halten Sie den Blick gesenkt und sprechen Sie etwas lauter, weniger vertraut. Es könnte sein, daß Ihr Gegenüber durch den zusätzlichen Raum, den ihm diese Körpersprache zugesteht, wieder freier fühlt und sich dann von allein langsam in Richtung weiterer Intimität vorwagt.

Nein sagen können

In der Liebe kann ein »Nein« mitunter auch das Gegenteil bedeuten. Der Rückzieher beim Flirten meint in Wirklichkeit: »Komm her zu mir.« Manchmal aber heißt nein wirklich nein – ob nun eine Person den Mut aufbringt, es ganz direkt zu sagen oder unterschwelliger mitteilen muß. Wie erkennt man, wann das, was man hört – oder sagt –, ein ehrliches Nein, ein Abblocken vor weiterer Intimität oder eine eindeutige Aufforderung zum Rückzug ist?

Vorbehalte oder Befürchtungen werden oft direkt zum Ausdruck gebracht. Menschen, die mit klarem Blick, selbstbewußter Haltung und in festem, ruhigem Tonfall »nein« zu einem sagen, meinen es auch so. Und wenn auch wir andere wissen lassen wollen, daß es uns ernst damit ist, können wir im direkten Gespräch diese Körpersprache übernehmen.

Häufig kommt uns solch eine klare Ablehnung jedoch nur schwer über die Lippen. Selbst zu Beginn einer Beziehung erweist es sich als problematisch, jemanden unmißverständlich zurückzuweisen. Nicht selten werden wir den Rückzug von jedem weiteren Kontakt durch die Blume mitteilen oder mitgeteilt bekommen. Achten Sie auf ablehnende Posen, Gesten, wie etwa vor der Brust verschränkte Arme oder zusammengepreßte Knie. Die betreffende Person bewegt sich kaum, und eine gewisse Gelangweiltheit macht sich bei ihr breit; alternativ fallen ein nervöser Tonfall und falsche Satzeinleitungen, Versprecher oder verschluckte Wörter auf. Selbst wenn wir genau wissen, daß wir »nein« meinen, schrecken wir oft davor zurück, es auch auszudrücken.

Wir erkennen sichtliche Anspannung, verstärkt durch flaches, unregelmäßiges Atmen. Beim Berühren können sich Hände kalt oder klamm anfühlen, wenngleich sich der oder die Betreffende trotzdem häufig selbst berührt und im Reiben von Wangen, Händen oder Mund Ablenkung sucht.

Sogar wenn wir ganz schnell Ablehnung äußern, registrieren wir kaum, was um uns herum vorgeht – etwa wie ein Partner reagiert –, und vermeiden den Gesichts- oder Blickkontakt. Statt dessen spielen wir nervös mit irgendwelchen Sachen herum, oder unsere nach innen gerichtete Aufmerksamkeit schweift fortwährend zu anderen Dingen ab – als wünschten wir, in einer fremden Haut zu stecken.

Wie geht man mit einer solchen Zurückweisung um, wenn sie einem selbst gilt? Ist sie aufrichtig – deutlich anders als ein Rückzieher beim Flirten –, dann besteht für Sie nur eine Möglichkeit: sie fair zu akzeptieren.

Vielleicht haben Sie das Gefühl, daß die Ablehnung indes doch noch nicht das letzte Wort ist; daß eventuell eine Chance besteht, es noch mal zu probieren. In diesem Fall schauen Sie der anderen Person direkt in die Augen, während Sie rundheraus fragen, ob sie beziehungsweise er den Kontakt vertiefen möchte. Fällt die Antwort wirklich positiv aus, so sollte Ihr Gegenüber Ihnen das jetzt auch sagen können, während er hingegen ein »Nein«, durch Ihre Direktheit herausgefordert, vielleicht zu begründen imstande ist.

Oben: Wenn wir nein sagen, mögen wir vielleicht meinen, unsere Ablehnung abschwächen zu müssen. Ihr Lächeln ist teilweise echt, da sie gefallen möchte, doch aufgrund seiner Unregelmäßigkeit reicht es nicht an den wahren Gesichtsausdruck heran. Ihre Augen widersprechen der lächelnden Botschaft; der zaghafte Blick reflektiert ihre gemischten Gefühle.

PERSÖNLICHER TEST

Rufen Sie sich eine Situation ins Gedächtnis, als Sie zu einer Beziehung nein sagen wollten oder nein gesagt haben. Welche Signale der Körpersprache, glauben Sie, haben Sie Ihrem möglichen Partner vermittelt?

- Haltungssignale; Bewegungen; Körperspannung; Atemsignale; Gesichtsausdruck; Signale mit Augen, Mund, Stimme?

Liebevolle Nachahmung

Was wir mögen, das kopieren wir. Wenn wir uns verlieben, gleichen wir uns so intensiv wie möglich an. Mit der Zeit beginnen wir uns in einer Beziehung unbewußt die Verhaltensweisen des Partners anzueignen, indem wir seine Bewegungen sowie häufig seinen Tonfall und Sprechrhythmus imitieren.

Zuerst war uns die Fähigkeit des Nachahmens im Kindesalter von Nutzen, um durch Beispiele aus der Erwachsenenwelt die Grundelemente des menschlichen Verhaltens zu erlernen: Wir kopierten Gang und Sprache unserer Eltern, wie sie spielten und arbeiteten. Mit dem Älterwerden imitierten wir jene Menschen, die wir verehrten und deren Art, sich in der Welt zu bewegen, uns erstrebenswert erschien. Wenn wir verliebt sind, dann ist es der Partner, den wir bewundern und mit dem wir uns auf diese Weise identifizieren.

So ahmen wir mitunter die Körperhaltung des Partners exakt bis hin zu Gesten und unscheinbaren Kopfbewegungen nach. Unsere Stimmen beginnen ähnlich zu klingen: Wir können entdecken, daß wir uns in Tonfall, Satzmelodie oder Lautstärke angeglichen haben, gleichzeitig leiser sprechen und uns bei Auf- oder Erregung mit unserem Partner zum Crescendo steigern. Und wenn er oder sie Worten durch Berühren Nachdruck verleihen will, erwidern wir oft diese Geste auf halbem Weg und berühren uns gleichzeitig zur gegenseitigen Bestätigung.

Wir machen uns auch weniger augenfällige Aspekte beim Verhalten unseres Partners zu eigen, die wir selbst gar nicht bemerken: die Tiefe eines Lächelns, den Verlauf der Fältchen um die Augen herum, Muskelspannung oder Rückgratkrümmung. Gemeinsam übernehmen wir den exakten Rhythmus der Unterhaltung, obwohl wir uns oft über Gebühr anpassen, indem wir uns nämlich nicht identisch, sondern komplementär bewegen: Wenn unser Partner beispielsweise die Hände gebraucht, um etwas zu betonen, so können wir dafür die Füße nehmen oder mit dem Kopf nicken.

Das wirkliche Wunder ist jedoch, daß wir vollkommen unbewußt Vorgänge anzugleichen in der Lage sind, über die wir normalerweise keine Kontrolle haben. Liebende weisen häufig gleiche Werte bei Puls, Atmung und Schweißabsonderung auf, nehmen die gleiche Körpertemperatur an oder blinzeln gleichschnell. Noch mehr überrascht die Tatsache, daß wir ganz unwissentlich sogar den gleichen Blutdruck wie unser Partner annehmen können!

Unten: Gemeinsames Lachen zeugt eindeutig von Angleichung und Nachahmung – ein klares Zeichen, daß wir einen Draht zu jemandem haben oder verliebt sind. Die Pose der beiden hier gleicht sich auch bis aufs i-Tüpfelchen: sowohl in der Handhaltung als auch in der Art des Vorbeugens.

Mit dem Wissen um diese Fakten sind wir imstande, uns einem möglichen Partner mehr zu nähern – falls wir das wollen. Denn wenn wir feststellen, daß Angleichung und Nachahmung bereits begonnen haben, können wir uns entscheiden, dieses Verhalten verstärkt zu zeigen, um den Identifikationsprozeß zu beschleunigen. Behutsam, ohne Schauspielerei und mit Achtung vermögen wir so den Standpunkt des anderen zu verstehen, mit der gleichen Frequenz und Tiefe zu atmen, den Rhythmus der an uns gerichteten Worte aufzugreifen und auf unsere Weise zu erwidern. Und indem wir zu so enger Übereinstimmung bereit sind, erfährt ein möglicher Partner, daß er uns wirklich vertrauen kann. Dann wird vielleicht auch er anfangen, uns zu kopieren.

Links: Auch zwischen diesem Paar spielt sich viel Nachahmung und Angleichung ab. Er streckt die Hände aus, um ihre Armhaltung zu imitieren; die Köpfe sind im gleichen Winkel geneigt; ihr Lächeln reflektiert im Gesicht des Gegenübers. Und achten Sie mal genau auf die Wirbelsäulenkrümmung: Eine ähnliche Muskelspannung hält sie in übereinstimmender Position. Die Distanz zwischen den beiden täuscht; sie stehen sich wirklich sehr nah.

Oben: Diese Hände sprechen in der Luft eine klare Botschaft. Die Form, die sie beschreiben, und die horizontale Bewegung, die sie vollführen, sind jeweils identisch. Sie übernimmt die Führung im Gespräch, denn ihre Hände sind höher und beweglicher, jedoch imitieren seine Hände ihre exakt, als er in die Unterhaltung einsteigt. Was die beiden sagen, mag verschieden sein, doch hier harmonieren sie tatsächlich sehr gut.

Nähe erfahren

Wir haben voneinander Notiz genommen, Blicke ausgetauscht und sind uns nun nah genug für ein Gespräch. Was sind die nächsten Schritte beim Reigen um die sich anbahnende Intimität – die eminent wichtigen Schritte, die es uns ermöglichen, die noch bestehende Kluft zu überwinden?

Jetzt ist der Zeitpunkt, die Hand auszustrecken und einen realen Körperkontakt herzustellen. Praktisch gesehen eröffnet uns dies eine ganze Reihe neuer Möglichkeiten; sobald wir uns gegenseitig berühren, können wir beistehen und Beistand erhalten, trösten und Trost empfangen sowie alle möglichen Informationen über Körperwärme, Muskelspannung, Bewegungsmuster und Gefühlszustand preisgeben und erfahren, die uns aus der förmlichen Distanz weitestgehend verschlossen blieben.

Es soll hier noch nicht die Rede sein von einem intimen Kontakt, hierzu kommen wir später (siehe Seiten 56–57). Diese erste Berührung überbrückt die Distanz und ist ein sozial vertretbarer Weg, in die persönliche Schutzzone einzudringen, die wir alle um uns herum wahren. Und da sie gemeinhin akzeptabel sein muß, obwohl sie doch eindeutig unsere Absicht belegt, die Beziehung zu vertiefen, gelten für den ersten körperlichen Kontakt Regeln. Er muß kurz ausfallen, wenn er aus irgendeinem Grund momentan nicht willkommen ist. Er soll respektvoll sein, sich auf Hand, Ellbogen, Schulter, Rücken beschränken und darf nicht im mindesten sexuell oder bedrohlich wirken. Als äußerstes dürfen Sie einen Arm kurz um die Taille legen – mehr bestimmt nicht! Damit beide Seiten das Gesicht wahren, muß sich diese erste Berührung auch entschuldigen lassen. So wird er beim Überqueren der Straße ihren Arm nehmen; sie wird ihm mitten in einer Erklärung auf die Schulter klopfen; er wird ihr das Glas Wein so reichen, daß ihr nur die Berührung seiner Hand verbleibt; sie wird derart straucheln, daß er sie festhalten muß. In solchen Situationen haben wir eine Entschuldigung: Wir können führen, betonen, zureichen, helfen. Sollte also die Berührung nicht akzeptiert und erwidert werden, dann verliert keiner von uns das Gesicht.

Denn Erwiderung ist die letzte Regel. Wir tanzen den komplizierten Tanz des »Jetzt ich... nun Sie«. Wir bieten eine Berührung an, warten einen Moment und erwarten dafür eine entsprechende Berührung – oder eine Entschuldigung für eine solche. Wenn nichts dergleichen passiert, können Zweifel auftreten, ob unser Angebot willkommen war. Sind andere Signale positiv – Lächeln, übereinstimmende Bewegungen, gelöster Tonfall –, probieren wir es noch mal und bieten einen weiteren entschuldbaren Kontakt an. Bleibt die Antwort auch diesmal aus, sollten wir uns an diesem Punkt klugerweise zurückziehen, weil wir nun die fast definitive Gewißheit haben, daß unser Angebot, auch wenn kein Wort darüber gewechselt worden ist, nicht die erwünschte Resonanz auslöste.

Manche Menschen verspüren jedoch von Natur aus Berührungsängste. Sie möchten vielleicht die Beziehung fortsetzen, haben aber eine größere Hemm-

Rechts: Beide wissen, daß sie keine Hilfe beim Hinunterspringen braucht; dennoch ist es ein idealer Vorwand, ihre Beziehung durch Körperkontakt zu vertiefen. Ihr Lächeln, die Art, wie sie einander berühren, lange bevor es nötig ist, und ihr Blickwechsel – all das zeigt, daß diese Geste aus dem Gefühl heraus und nicht aus Hilfsbereitschaft erfolgt.

Oben: Beim Näherkommen werden beiden weitere Informationen durch Berührung und Geruch zuteil. Unsere apokrinen Drüsen (in Augenlidern, Achselhöhle, Brustwarzen und Genitalien) sondern Duftstoffe ab, die nach Ansicht von Forschern menschliche Äquivalente der Pheromone enthalten, die den Geschlechtstrieb bei Tieren stimulieren. Solche Duftstoffe können auch Erinnerungen an frühere Partner wecken. Jedoch das geschieht meist unbewußt: Wir können einen Partner wegen seines Geruchs akzeptieren oder ablehnen, ohne zu wissen, warum.

PERSÖNLICHER TEST

Denken Sie an den Moment, als Sie und ein Partner sich zum allerersten Mal berührten – keine sinnliche, sondern eine einleitende Berührung. Wie wurde sie möglich? Vor allem: Woraus schlossen Sie, daß es ihm oder ihr angenehm war, von Ihnen berührt zu werden? Was war der erste Schritt, und wer tat ihn? Welche »Entschuldigung« wurde vorgebracht?

schwelle als wir. Sie fühlen sich deshalb durch unsere Berührung unbehaglich und trauen sich nicht, sie zu erwidern. Sie hüten sich mitunter vor zuviel Forschheit, besonders, wenn sie sich als Mann der Bedrohung bewußt sind, die ihre Annäherung für eine Frau bedeuten kann. Möglicherweise wissen sie nichts über ihre eigene und unsere nonverbale Kommunikation und erkennen daher einfach nicht, daß wir ihnen aktiv Mut machen.

Doch wenn sie zu schwach reagieren, werten wir dies als ein »Nein«, ob's nun so gemeint war oder nicht. Ebenso ziehen wir uns auch zurück, wenn jemand zu heftig reagiert – uns zu früh, zu lang, zu freizügig oder an der falschen Stelle berührt –, und sind überzeugt, daß jede weitere intime Beziehung mit dem Eindringling vom selben mangelnden Feingefühl geprägt wäre. Eine erste Berührung kann entweder die Chance auf eine tiefgehende Beziehung eröffnen oder diese ein für allemal zunichte machen.

Der effektive Weg, Berührung ins Spiel zu bringen, heißt: Vorsicht. Tun Sie einen langsamen, vertretbaren, winzigen Schritt nach vorn und warten Sie. Wägen Sie die Reaktion ab. Warten Sie. Tun Sie noch einen langsamen, vertretbaren, winzigen Schritt nach vorn und warten Sie wieder die Reaktion ab. Das Ganze gleicht ein bißchen dem Eisklettern. Das Resultat ist jedoch ein völlig anderes. Denn sobald wir berührt haben, berührt wurden und erkannt haben, daß wir beide glücklich sind über die Entwicklung, ist das Eis gebrochen. Nun können wir mit mehr Wissen und mehr Vertrauen die nächste Phase unserer intimen Beziehung einleiten.

Die Strategie der Schritte

Beim Versuch, zusammenzukommen, zählt jeder Schritt, den wir unternehmen. Es ist schon ein demotivierender Gedanke, daß alles, was wir in diesem frühen Stadium tun, den Ausschlag gibt zwischen Erfolg und Mißerfolg. Als noch ernüchternder stellt sich die Tatsache dar, daß alles, was unser möglicher Partner tut, ebenfalls hierüber entscheidet. Wir gewinnen oder verlieren gemeinsam.

Er lacht, und sie entspannt sich; sie entspannt sich, also fühlt er sich sicherer. Er fühlt sich sicherer, infolgedessen vertraut sie sich ihm an, woraufhin er ihre Hand hält, um sie zu trösten. Sie bewegen sich als Tandem nach vorn. Doch jede Minute könnte etwas schieflaufen. Hinter jeder kleinen Interaktion lauert eine potentielle Gefahr. Sein Lachen zu Anfang könnte – vollkommen unbeabsichtigt – wie Hohn klingen; als Folge davon könnte sie sich verspannen; dies spürend, zieht er sich womöglich zurück, und sie wird angesichts der verfahrenen Situation schon bald erklären, daß sie früh nach Hause gehen muß.

Normalerweise sind wir in der Lage, solche Debakel zu verhindern. Wenn wir sie spüren können, bevor sie geschehen, werden wir den Irrtum aufklären. Wenn sie sich zum Beispiel wegen seines Lachens nicht wohl fühlt, und es fällt ihm auf, wird er sie rasch beruhigen, ob mit oder ohne Worte. Für diesmal ist die Situation gerettet.

Doch so einfach läuft es vielleicht nicht immer ab, denn die meisten entscheidenden Elemente sind jene, die sowohl außerhalb unserer Wahrnehmung als auch unserer Kontrolle liegen. Es handelt sich um unbewußte physiologische Reaktionen, unterschwellige Botschaften in Körpersprache, die weder wir noch unser möglicher Partner empfangen können.

Sie kann ihre Blickrichtung kontrollieren, jedoch hat sie keinen Einfluß auf die Pupillenerweiterung, die ihm zeigt, ob sie wirklich interessiert ist. Er kann das richtige After-shave verwenden und hat dennoch keinen Einfluß auf seinen hormonellen Duft, der ihr sagt, ob sie weitermachen oder sich verdrücken soll. Beide können ihre offenen Gesten steuern, bemerken aber nicht die unterbewußten Bewegungen des anderen, welche »ich bin nervös«; »er sieht zu selbstbewußt aus«; »sie scheint vertrauenswürdig«; »er hat einen feinen Sinn für Humor« und dergleichen Empfindungen mehr signalisieren.

Die Fotos zeigen fünf typische Momente in einer Kontaktsituation zwischen Mann und Frau von den Anfängen bis zu intimer Vertrautheit.

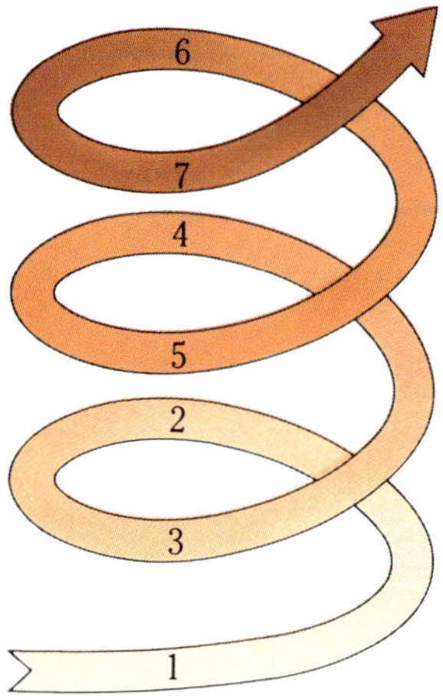

Rechts: Die Graphik veranschaulicht, wie sich die Dynamik einer Wechselbeziehung spiralförmig steigern kann, wenn beide Partner korrekt vorgehen. Auf einen Blickkontakt (1) kann die vorteilhafte Selbstdarstellung (2) folgen. Hierdurch ermutigt, rücken die beiden eng genug zusammen für eine Unterhaltung (3) und gestehen sich später ihre Gefühle, wodurch sich Nähe ankündigt (4). Lachen (5) vertieft ihre Beziehung. Einer der beiden sucht nach einem Vorwand für eine Berührung (6). Zu diesem Zeitpunkt harmonieren sie jedoch bereits auf vielen Ebenen (7).

Was ist zu tun? Wenn Sie sehen, daß der Blick eines möglichen Partners abschweift, oder Sie hören, daß seine beziehungsweise ihre Stimme tonlos und gleichgültig klingt und Sie keine Ahnung haben, was der Auslöser hierfür sein könnte, dann handeln Sie. Tun Sie etwas anderes, egal was! Rücken Sie näher oder weiter weg, atmen Sie langsamer oder schneller, lachen oder weinen Sie. Wenn Sie sich über das, was danebengegangen ist, nicht im klaren sind, dann können Sie es auch nicht bewußt korrigieren. Haben Sie also den Mut, etwas anderes zu probieren und so lange weiterzumachen, bis schließlich irgend etwas klappt.

Unten: Beide fühlen sich in der Gesellschaft des anderen zunächst unwohl. Er produziert sich in klassisch-männlicher Manier und redet angeregt; sie hört ihm mit gesenktem Blick zu, und es ist ersichtlich, daß er in diesem Moment wohl keinen allzu guten Eindruck macht. Die Dinge entwickeln sich jedoch rasch. Vielleicht hat er ihr Unbehagen bemerkt, und nun beugt er sich vor und bittet sie, auch etwas zu sagen. Durch irgend etwas wurde sie jedenfalls – bewußt oder unbewußt – umgestimmt. Sie fühlt sich jetzt sicher beim Sprechen; möglicherweise vertraut sie sich ihm an. Kurz darauf lachen sie zusammen und gelöst über einen Witz; ihre Positionen, obwohl behütet, gleichen sich zunehmend an, und nun halten sie Blickkontakt.

Links: Der Blickkontakt hat ebenso Wunder gewirkt wie das gemeinsame Lachen. Sie schauen sich interessiert an; er hat seine Hand auf ihre gelegt. Sie ist noch etwas zurückhaltend und hat einen Arm vor den Körper gelegt, doch jetzt unterhalten sie sich harmonischer; sie wechseln sich ab und finden eine gemeinsame Basis. Da sie sich nun näher sind und Geruchs- wie sensorische Botschaften des anderen empfangen, finden sie vielleicht beide im Unterbewußtsein Gründe für eine Freundschaft.

Rechts: Sie bewegen sich voll in der intimen Distanzzone und könnten sich durchaus bald küssen; sie kommunizieren mit allen fünf Sinnen. Und jene signalisieren hier, bewußt und unbewußt, Erfolg. Ihre Körperhaltung, die Kopfneigung und die Breite des Lächelns stimmen in ganz bemerkenswerter Weise überein. Jeder lauscht den beruhigenden Tönen und Rhythmen in der Stimme des anderen. Da sie so eng bleiben, müssen Geschmack, Geruch und Hautkontakt in Ordnung sein. Ihre Wechselbeziehung funktioniert fraglos.

KAPITEL ZWEI

EINANDER VERTRAUT WERDEN

Sobald uns klargeworden ist, daß wir wirklich eine Beziehung mit einem anderen Menschen eingegangen sind, müssen wir auch beginnen, gefühlsmäßig wie körperlich miteinander vertrauter zu werden. Wir müssen uns öffnen, um dem anderen einen immer intensiveren Einblick in unsere Gedanken und Gefühle zu bieten. Dies ist gleichfalls der Zeitpunkt, unseren Partner mehr und mehr unseren Körper, unsere Sinnlichkeit, unsere Sexualität spüren zu lassen. Eine solche Entblößung erweist sich mitunter als belastend, aber auch als unendlich lohnend.

Dies ist die Phase, in der wir voneinander lernen und den Grundstein für das erfüllte Sexualleben legen, das wir uns erhoffen. Indem wir uns über die Körpersprache unserer eigenen Sehnsüchte sowie der Vorlieben und Abneigungen des Partners bewußt werden, beginnen wir die Wesenszüge zu erkunden, die uns beide prägen – im Bett und außerhalb. Wir können ehrlich anfangen, einander Wonne zu schenken in der Gewißheit, daß sexuelle Erfüllung eine der Pforten auf dem Weg zu einer glücklichen Beziehung sein wird.

Wir müssen jedoch etliche Aspekte beleuchten, wenn wir uns und unseren Partner wirklich verstehen wollen. Wir müssen die Zusammenhänge unserer Vergangenheit ergründen, um zu begreifen, was unser Leben geprägt hat. Wir müssen die Kunst der intimen Kommunikation beherrschen, um zu verstehen, was wir wirklich meinen, wenn wir gegenseitig unseren Körper berühren, küssen oder erforschen. Und wir müssen uns über die Gründe im klaren sein, die uns manchmal zögern und momentan körperlich oder emotional nicht mehr von uns preisgeben lassen. Doch wenn wir uns von der Körpersprache durch dieses Gefühlslabyrinth führen lassen, können wir gemeinsam die Erkundungsphase bewältigen, innig verbunden und bereit, die Liebe bewußt zu leben.

Nähe kann sehr unterschiedliche Gefühle auslösen. Hier kuschelt sie sich an ihn und zeigt ihm mit einem herzlichen Lächeln und einer lockeren Berührung seiner Brust ihr pures Glück. Sein verinnerlichtes Aussehen verrät uns, daß für ihn die Sache insgesamt ernster verläuft; er ist konzentriert, da er um seine Gefühle weiß, und die Hand, mit der er sie an sich zieht, signalisiert Verlangen und Anlehnungsbedürfnis zugleich.

Schritte zur Intimität

Auf unserem Weg zur Intimität durchschreiten wir genau definierte Phasen. Zu langsam oder zu schnell – und wir erleiden Schiffbruch; der Kontakt mit unserem Partner ist abgerissen, weil wir ungeschriebene Regeln gebrochen haben.

Wir erleben unsere erste Begegnung, das erste Gespräch, den ersten Flirt. Wir dringen in die persönliche und dann in die intime Distanzzone vor. Wir berühren, umarmen und küssen uns. Danach werden wir Schritt für Schritt miteinander intim: Ausziehen, Ertasten des Oberkörpers und später des Unterleibs, Masturbation, Geschlechtsverkehr und Oralsex.

Wir haben jedoch sehr unterschiedliche Vorstellungen vom zeitlichen Ablauf dieses Geschehens. In westlichen Kulturen zum Beispiel geht man allgemein Schritt für Schritt vor, während man im Orient oder in streng religiösen Ländern bis zur Hochzeit wartet, bevor man – zumindest als Frau – oft in nur einer einzigen Nacht sämtliche sexuellen Stufen auf einmal erlebt. Auch gibt es individuelle Unterschiede. Manche sehen im Oralsex einen Schritt zur Intimität vor dem eigentlichen Geschlechtsverkehr; andere stufen ihn ganz oben auf der Risikoskala ein und finden, er sollte erst ausprobiert werden, nachdem man alles andere kennengelernt hat. Männer möchten seit jeher schnell zur Sache kommen, Frauen dagegen gehen es langsamer an, obgleich sich dieses Verhältnis derzeit verschiebt. Unsere Situation kann ebenfalls das Tempo diktieren. Urlaub, Konferenzen oder jede andere Gelegenheit zu engem Kontakt erlauben ein viel zügigeres Vorgehen als normalerweise üblich.

Wie wir mit diesen Phasen fertig werden, kann eine Beziehung aufbauen, aber auch zerstören. Wenn wir uns mit unserem Partner darüber einig sind, welche Stufe wann und wie schnell erreicht werden soll, ist alles in Ordnung. Falls nicht, beurteilen wir die andere Person manchmal streng und nicht immer gerecht. Ein zurückhaltender Mann gilt dann als unmännlich; möchte er schneller zum Ziel kommen als sie, empfindet sie ihn wiederum als zu stürmisch oder taktlos. Eine Frau, die rasch zur Sache kommt, steht mitunter im Ruf, ein Flittchen zu sein, von einer vorsichtigen heißt

Links: Ältere Paare, die vielleicht unglückliche Beziehungen hinter sich haben, brauchen mitunter mehr Zeit auf dem Weg zur Intimität. Sie werden ihre Freundschaft und die Achtung voreinander über einen langen Zeitraum entwickeln, bevor sie sich auf sexuelle Kontakte einlassen. Da sie andererseits die Freuden der Sexualität kennen, verspüren sie eventuell sogar weniger Scheu als jüngere Paare, rasch zur Sache zu kommen.

Links: Erste Liebe ist eine wichtige Phase. Die Entjungferung ist ein Schritt, der in keiner Kultur leichtgenommen wird. Auf Frauen lastet im Vergleich zu Männern ein stärkerer gesellschaftlicher Druck, sich die Unschuld zu bewahren; daher wird sich die Frau im allgemeinen vor diesem Schritt um den Wert und die Stabilität der Beziehung mehr Gedanken machen als der Mann.

Links: Ein Kuß mit geschlossenen Lippen bedeutet manchmal den ersten Schritt auf dem Weg zur Intimität in einer neuen Beziehung. Er kann ausdrücken, daß ein Partner momentan keine weitere Intimität wünscht – es ist ein Gerücht, daß auf einen trockenen Kuß immer ein langer, intensiver Zungenkuß folgt. Dieser wird eher unumstößliche Ablehnung verursachen!

Links: Ein Kuß mit geöffneten Lippen dient ihm oft als Test, ob Sexualität für beide akzeptabel und genußvoll sein könnte. Für sie ist er dagegen vielleicht bloß ein Schritt auf dem Weg, aber keineswegs eine Verpflichtung zu voller Sexualität.

es, sie sei prüde oder frigide, während ein hohes Anfangstempo, gefolgt von langsamerem Vorgehen, als aufreizend angesehen wird.

Wie erkennen wir, daß unsere Schritte zur Intimität nicht aufeinander abgestimmt sind? Fehlt einfach die körperliche Erregung, so sind wir wahrscheinlich zu schnell; hält die gefühlsmäßige oder körperliche Frustration an, werden wir denken, daß wir zu langsam sind. Und wenn Ratlosigkeit sich in Rededuellen wie: »Du würdest, wenn du mich liebtest...« – »Du würdest nicht fragen, wenn dir an mir gelegen wäre...«, ausdrückt, dann muß etwas unternommen werden.

Normalerweise ist der zögernde Partner seelisch unfähig, sein Tempo zu steigern – es sei denn, die ganze Partnerschaft stünde auf dem Spiel. Der Schnellere von beiden kann sich eventuell eher bremsen, was sich tatsächlich als vorteilhaft erweist. In einer liebevollen Beziehung, in der die Zeit auf Ihrer Seite ist, kann ein langsames Vorgehen ein beglückender Weg sein, körperlich und seelisch voneinander zu lernen, bevor man den nächsten Schritt wagt.

PERSÖNLICHER TEST

Ordnen Sie diese Schritte zur Intimität in der Ihrer Ansicht nach richtigen Reihenfolge. Dann überlegen Sie, wieviel Zeit zwischen den einzelnen Phasen vergehen müßte, damit Sie mit sich, Ihrem Partner und der Beziehung im reinen sind. Was könnten Sie oder Ihr Partner tun, um den Prozeß zu beschleunigen oder zu bremsen?

• Sichtkontakt; Oralsex; erster Blickwechsel; Betreten der persönlichen Distanzzone; Ertasten des Unterkörpers; erste Berührung; Vordringen in die intime Distanzzone; Geschlechtsverkehr; erste Umarmung; erste Berührung des Gesichts; Berührung des Oberkörpers; Ausziehen; erste Unterhaltung; gegenseitiges Masturbieren; erster Kuß.

Der sexuelle Lebenslauf

Unsere jetzige Sexualität ist untrennbar mit früheren Erinnerungen verknüpft. Die Kindheit prägt unsere sexuelle Identität als Erwachsene; sie ist in unser Weltverständnis eingewoben und blickt in jedem Aspekt unserer Körpersprache durch.

Wie ist das möglich? Während der Pubertät wirken sich direkte Erfahrungen mit der Umwelt auf unsere erwachende Sexualität aus. So lösen etwa der Anblick seidener Unterwäsche, die belauschten Geräusche unserer Eltern beim Liebesspiel, die Sexualkundeerziehung in der Schule und ein verbotenes Video nicht nur unser Verlangen allgemein aus, sondern sie bestimmen auch unser sexuelles Potential. Was wir im Bett mögen und was nicht, wovor wir Angst haben oder wozu wir neigen beim Sex – all das hat seine Ursachen in solch früheren, prägenden Erlebnissen.

Der Einfluß der Vergangenheit macht jedoch nicht mit Beendigung der Kindheit halt. Bei Prahlereien in der Kneipe oder Tuscheleien in der Sporthalle lernen wir von Freunden, wie es ist, Sex zu haben. Wir verlieren unsere Unschuld, und die Ekstase oder das Trauma dieses Erlebnisses haftet uns für den Rest unseres Lebens an. Ein einfühlsamer Partner lehrt uns sexuelle Varianten, ein plumper erzeugt in uns Hemmungen und Ekel. Wenn wir eine neue Beziehung eingehen, bringen wir, genau wie unser neuer Partner, eine Fülle schöner und trauriger Erfahrungen ein.

Wie können wir also erkennen, wann die Vergangenheit die Gegenwart beeinflußt? Tatsache ist: Sie tut es immer. Doch am meisten fällt dieser Umstand auf, wenn er uns durch die Körpersprache bewußt wird. Unsere Gefühle oder die unseres Partners können ohne Vorwarnung bei etwas einhaken, das nicht im Hier und Jetzt liegt. Ein versonnenes Lächeln bei dem Gedanken an einen wundervollen Orgasmus; eine neue Stellung, die uns plötzlich aus einer früheren Beziehung einfällt; ein Schauer, wenn wir wieder so berührt werden wie im Augenblick erster wahrer Leidenschaft – all das sind Beispiele der Körpersprache, die uns veranschaulichen, daß wir nicht mehr fest in der Gegenwart verwurzelt sind und daß ein Teil von uns begonnen hat, im Gedenken an vergangene Zeiten zu schwelgen.

Die Erinnerungen mögen nicht immer positiv sein. Eine plötzliche, unerklärliche Verkrampfung, die nichts mit unserem Partner zu tun hat; etwas, das die Leidenschaft jäh verflüchtigen und uns in Tränen zerfließen läßt; eine Abneigung gegen Berühren oder Berührtwerden, die unser sonst so beglückendes Liebesspiel unterbricht – dies alles sind frühere, längst vergessen geglaubte Traumata, die als akute Pein wieder zum Vorschein kommen.

Ist das Gefühl sehr stark, löst es möglicherweise, wann immer es auftritt, ein kindliches Verhalten bei uns aus. Partner, die nicht altersgemäß reden oder handeln, die sich in unseren Armen zusammenrollen oder wiegen, stehen im allgemeinen unter dem Eindruck einer sehr frühen Erinnerung. Und Partner, die zu »Lehrersprüchen« greifen – »Ich sollte das eigentlich nicht tun...« »Wir sollten so nicht weitermachen«..., als erinnerten sie sich an frühere Verbote strenger Erwachsener –, sind sehr wahrscheinlich stark von ihrer Vergangenheit beeinflußt.

Das Bewußtsein für den sexuellen Lebenslauf kann jenen Unterschied ausmachen, ob man im Buch der Körpersprache wie in einer Kinderfibel oder gleichsam in einem literarischen Werk liest.

Denn wenn wir erkennen, daß unsere Körpersprache in der Vergangenheit begründet liegt, wird sie sofort verständlicher und annehmbarer. Wenn wir der bei Berührung auftretenden Verkrampfung unseres Partners aus dem Verständnis heraus entgegentreten, sie sei Erinnerung an frühere sexuelle Pein, dann ist die Hürde schon halb überwunden. Indem wir unserem Partner erklären, daß unsere Angst vor körperlicher Liebe von unseren Erfahrungen in einer früheren unglücklichen Beziehung herrührt und nichts mit ihm beziehungsweise ihr zu tun hat, wandelt sich das Problem zu einer Chance für seelische und körperliche Intimität, die beide äußerst behutsam nützen sollen.

Desgleichen tut sich uns eine Schatzkiste von Möglichkeiten auf, wenn wir uns erlauben, in unserer Vergangenheit nach köstlichen erotischen Erinnerungen zu stöbern, sie wieder hervorkramen und dazu benutzen, unser jetziges Sexualleben zu bereichern. Und die Erkenntnis, daß hier und jetzt die liebevolle Berührung alle möglichen schönen Erfahrungen für die Zukunft anlegt, schafft eine sexuelle Zuversicht, die uns nie mehr verlassen wird.

Quelle	Sie	Er
Frühe Kindheitserlebnisse	Mama und Papa damals gesehen	Ich zeig meins, wenn du deins zeigst
Religiöser oder kultureller Glaube	Brave Mädchen tun das nicht	Ist es wichtig, ob ich beschnitten bin?
Sexualkunde in der Schule	Die blöde Biostunde	Die Wahrheit über Aids lernen
Druck von Altersgleichen	Als letzte einen BH gekauft	Damals nach dem Sport im Duschraum
Verlust der Unschuld	Warum war es kein Erdbeben für mich?	Es dauerte so lange
Sexualpartner	Klaus . . . mmmh!	Sandra brachte mir soviel bei
Negative Erlebnisse	Positiver Abstrich	Keinen hochgekriegt damals

Unten: Unsere frühen Erfahrungen, ob die Eltern mit Nacktheit und Sexualität locker oder verklemmt umgingen, prägen unsere spätere Einstellung. Wenn wir als Kinder lernen, daß Körperlichkeit etwas Schönes ist, wird uns dieses Wissen als Erwachsene stets begleiten.

Oben: Beispiele typischer Botschaften, die uns über unsere Sexualität zuteil werden. Sie stammen von verschiedenen Quellen und können, wenn wir älter werden, unsere Einstellungen und Gefühle ändern. Schreiben Sie einige Botschaften auf, die Ihnen über Sexualität vermittelt wurden.

Botschaften lesen

Wollen Sie die Körpersprache wirklich perfekt erlernen, dann vergessen Sie die Regeln. Ignorieren Sie die Richtlinien. Werfen Sie das gesamte Wissen über nonverbale Kommunikation über Bord und verschaffen Sie sich Ihr eigenes. Regeln und Richtlinien sind wichtig, da sie uns eine allgemeine Sachkenntnis über das Wesen der Körpersprache vermitteln. Doch eine intime Beziehung basiert auf speziellen Gesetzmäßigkeiten. Ihr Partner ist ein einzigartiges Individuum, und das gilt auch für Sie. Ihre Beziehung ist einzigartig. Und deshalb müssen Sie lernen, gerade das zu registrieren, was zwischen Ihnen und Ihrem Partner vorgeht.

Zuerst müssen Sie sich aneignen, die Körpersprache Ihres Partners sehr genau zu lesen. Achten Sie darauf, wie er oder sie geht, spricht, bei Aufregung lächelt, bei Verwirrung ausschaut und wie sich der Tonfall ändert, wenn er oder sie etwas bezweifelt. Sie müssen kleinste, subtile Signale wie die im Kasten auf der gegenüberliegenden Seite aufgeführten erkennen; viele dieser Elemente sind an anderer Stelle in diesem Buch ausführlicher beschrieben.

Das klingt vielleicht problematisch, aber Sie haben einen Vorteil: Sie sind an Ihrem Partner interessiert. Und gerade am Beginn einer Beziehung werden Sie Ihren Partner ständig beobachten, ihm mit Vergnügen zuhören, ihn riechen, schmecken und unwillkürlich berühren. Ihre Liebe hilft Ihnen sehr bei diesem schwierigen Prozeß, denn sie ist der beste Lehrer.

Nachdem Sie begonnen haben, die kleinen Signale Ihres Partners zu beachten, gehen Sie zur differenzierten Betrachtung über. Wie lächelt Ihr Partner, wenn er aufgeregt oder nervös ist? Sie werden Unterschiede feststellen: vielleicht eine hochgezogene Braue, eine veränderte Hautfarbe oder eine gewisse Stellung der Mundpartie. Was fällt Ihnen in der Stimme Ihres Partners auf, wenn er etwas anzweifelt oder sich einer Sache sicher ist: ein höherer Tonfall, ein schnellerer Sprechrhythmus am Satzende, eine kurze Pause mittendrin? Wie fühlt er oder sie sich bei plötzlicher Nervosität an: Schweißausbruch, andere Körpertemperatur; eine Verspannung unter der Hautoberfläche? Lernen Sie zuverlässig ein Lächeln von einem anderen zu unterscheiden; Tonfall ist nicht gleich Tonfall, und keine auch noch so routinierte und exakt ausgeführte Berührung gleicht der anderen.

Oben: Um Signale korrekt deuten zu können, müssen wir von vorgefaßten Meinungen abgehen und nur das bewerten, was wir wirklich sehen. Sie sitzt zwar im Büro, doch darf man nicht annehmen, daß sie ihre Arbeit im Kopf hat. Das erfahren wir erst, wenn wir ihre typische Haltung und Gestik beim Nachdenken mit dem vergleichen, was sie jetzt zeigt. Tatsächlich deuten ihr verträumter Blick, der geneigte Kopf und die Spur eines Lächelns an, daß sich ihre Gedanken wohl eher um den Partner als um den Job drehen.

Der Nutzen ist enorm. Natürlich wollen Sie Ihren Partner allgemein besser verstehen. Doch den Signalbereich seiner oder ihrer Körpersprache einschätzen zu lernen, gibt Ihnen die Fähigkeit, Stimmungen, Bedürfnisse und Wünsche Ihres Partners präzise zu erkennen, wodurch Ihre Beziehung intensiver wird als je zuvor. Sie werden sich auf die Gefühle eines Partners einstellen können, noch bevor er sie Ihnen mitteilt, und feinste Reaktionen selbst bei einem unsicheren Liebhaber spüren.

In der Hauptsache eignen Sie sich die Kunst der

Oben: Eine ähnliche Pose, doch diesmal in häuslicher Umgebung. Hier ist es wahrscheinlicher, daß sie über Privatangelegenheiten nachdenkt, doch wieder dürfen wir keine voreiligen Schlüsse ziehen. Ihr distanzierter Blick könnte ihre Liebeskraft, aber ebensogut auch die aktuellen Verkaufszahlen für ein Arbeitsprojekt beinhalten. Die geneigte Kopfhaltung könnte bedeuten, daß sie gerade der Stimme ihres Partners nachlauscht oder sich überlegt, wie sie sich bei Dingen des täglichen Lebens entscheiden soll.

PERSÖNLICHER TEST

Bitten Sie Ihren Partner, an etwas Sinnliches (oder gar Sexuelles) zu denken, das er/sie gern mag; und danach an etwas Nichtsinnliches, das er/sie ablehnt. Achten Sie darauf, wie sich die Signale Ihres Partners dabei ändern. Registrieren Sie auch, wenn möglich, sämtliche Geräusche; halten Sie eine Hand und prüfen Sie, ob Sie irgendwelche Veränderungen fühlen. Spüren Sie mit Hilfe der folgenden Liste weitere Unterschiede in der Reaktion auf, wenn Ihr/e Partner/in an die zwei sehr verschiedenen Dinge denkt.

- Sichtbare Anzeichen:

Körperhaltung
Körperbewegungen und Gesten
Konzentration auf sich oder nach außen
Gesichtsausdruck
Mundsignale (Öffnen, Erröten der Lippen, veränderte Mundform)
Augensignale (Blickrichtung, Form, Pupillenerweiterung, Feuchtigkeit)
Atemtiefe und -bewegung
Veränderung der Hautfarbe

- Hörbare Anzeichen:

Atmung
Pulsschlag
Schwache Laute

- Fühlbare Anzeichen:

Hautspannung
Feuchtigkeit
Wärme

Vorhersage an. Wenn Sie lernen können, daß ein bestimmter Blick Verärgerung bedeutet, dann können Sie sich auf den Streit einstellen oder ihn verhindern. Und wenn ein Erröten ihrer Wangen darauf hinweist, daß sie sich sexy fühlt und nach Zärtlichkeit sehnt, wissen Sie, was zu tun ist.

Sie müssen vorsichtig sein. Manchmal entsprechen die empfangenen Signale nicht den abgeschickten. Unter dem Eindruck starker Gefühle – seien dies Lust oder Liebe, Ärger oder Mißtrauen – können Sie eventuell zu Fehlinterpretationen gelangen. Und Ihr Partner ist womöglich gefühlsmäßig durcheinander und vermittelt Ihnen vermischte Botschaften, so daß Sie verwirrt sind und nicht mehr durchblicken. Lassen Sie sich Zeit, besonders, wenn Ihre Beziehung noch im Anfangsstadium steht. Auf liebevolles Verständnis zu warten lohnt sich.

All diese Fähigkeiten entwickelt man von allein dadurch, daß man jemandem nahe ist; einfach durch das Zusammensein lernt man einen Partner kennen und weiß, was er oder sie als nächstes sagt. Oft nennt man es Intuition, jenes vorsichtige, liebevolle Achtgeben auf die Signale des Partners und die Fähigkeit, sie klug zu nutzen. Doch die Körpersprache hilft, Intuition zu begreifen, ihre Fertigkeiten zu erlernen und sie in der Liebe wie im Alltag optimal einzusetzen.

Signale senden

Bei der Körpersprache geht es nicht nur um die Beurteilung der stillen Kommunikation unseres Partners; wir lernen auch, in uns hineinzuhorchen. Denn als künftige Experten der Körpersprache müssen wir auf unsere eigenen Gefühle achten, wie wir uns, Ebbe und Flut vergleichbar, auf Lust zu- oder von ihr wegbewegen. Wir müssen dieselbe Antenne, mit der wir die externen Signale unseres Partners auffangen, auf unsere eigenen inneren Vorgänge ausrichten. Sobald wir uns dessen bewußt sind, müssen wir diese Signale anderen übermitteln, wodurch unsere Körpersprache klar und leicht verständlich wird.

Unser Körper teilt sich durch eine Reihe innerer Signale mit. Die Sinneseindrücke auf der Haut bewirken, daß wir uns dichter an den warmen Partner kuscheln; die sensiblen Nerven der Lippen reagieren auf den Druck eines Kusses. Unser Puls klettert, die Atmung wird flacher. Wir beginnen am ganzen Körper herrliche Lust zu spüren, die sagt: »Mach weiter so.«

Umgekehrt gibt unser Körper, wenn etwas nicht stimmt, ganz andere Signale von sich: kühlen Schweiß bei einer zudringlichen Berührung, Verkrampfung um den Mund bei einem plumpen Kuß. Diese negativen Ausstrahlungen sind wichtig beim Aufbau unseres sexuellen Potentials, denn sie zeigen uns, was wir meiden und was wir suchen sollen. Je mehr wir uns darüber im klaren sind, desto intensiver wird unser Erlebnis ausfallen.

Viele Signale wie etwa Blutdruck oder Körpergeruch liegen außerhalb unserer Wahrnehmung. In einem besonderen Fall jedoch können wir lernen, bewußt das zu tun, was alle Menschen unwillkürlich tun: nämlich zu prüfen, was wir in unserem »Gefühlszentrum« empfinden. Diese spezielle Zone, meist im Bauch oder Rücken gelegen, signalisiert uns, ob das, was mit uns geschieht, uns auch guttut. Ist alles okay, fühlen wir uns entspannt und ruhig; falls nicht, verkrampft oder unbehaglich. Unser Gefühlszentrum gibt uns in vielen Bereichen des Alltags grünes – oder rotes – Licht: bei Kleinigkeiten wie: »Soll ich heute einen Schirm mitnehmen«, aber ebenso bei beruflichen Entscheidungen. Auch in der Sexualität können wir ein Bewußtsein für die Signale unseres Gefühlszentrums entwickeln und so letzte Gewißheit hinsichtlich unseres Urteils bekommen, ob ein bestimmter Ort, Zeitpunkt, Mensch oder Schritt der richtige ist.

Als nächstes gilt es zu lernen, dem Partner unsere unmittelbaren Eindrücke mitzuteilen; Annäherung, Rückzug und Rollenspiele helfen uns, gemeinsam den besten Weg für uns zu finden. Und mit einem Partner, dem wir besonders nahestehen, können wir diese natürliche Übereinstimmung noch vertiefen. Wir können einen spezifischen persönlichen Code entwickeln, der es uns erlaubt, präzise mitzuteilen, was gerade mit uns los ist. Ein solcher Code kann auf einem Stimmgeräusch basieren: So könnten wir etwa durch immer intensiveres Summen unseren Partner wissen lassen, daß seine Berührungen uns stetig angenehmere Gefühle bescheren; fein abgestufte Atemgeräusche würden ihm zeigen, wann das Gefühl herrlich ist. Der Code kann auf Berührungen aufbauen: Beispielsweise könnte eine Fingerspitze den Wunsch nach Rückzug oder Hinwendung ausdrücken und eine spezielle Liebkosung mit der Zunge »Ich bin jetzt bereit, mich auszuziehen« sagen.

Mit unserer Beziehung entwickelt sich auch unser sexueller Code. Auf lange Sicht kann unsere Kommunikation der Wünsche und Bedürfnisse spontan, präzise und enorm wirkungsvoll werden.

PERSÖNLICHER TEST

Nehmen Sie sich Zeit, Ihre innere Körpersprache allein zu erforschen. Machen Sie sich's bequem und entspannen Sie sich. Rufen Sie sich ein erfreuliches sexuelles Erlebnis in Erinnerung. Vielleicht einen besonders schönen Liebesakt oder eine erregende Phantasie. Achten Sie darauf, wie Ihr Körper reagiert. Wo ist das Gefühl am intensivsten? Wie würden Sie die Empfindungen beschreiben: heiß/kalt; bewegt/ruhig; schnell/langsam; hart/weich; schwer/leicht... fallen Ihnen noch andere Worte ein? Konzentrieren Sie sich insbesondere darauf, wie sich Ihre Haut anfühlt. Welche Empfindungen spüren Sie dort an verschiedenen Punkten? Wie würden Sie sie beschreiben? Achten Sie auf alle Unterschiede bei Ihren Körperreaktionen: Ändert sich die Atmung; können Sie Ihr Herz schneller schlagen hören; schwitzen Sie stärker? Wie könnten Sie dem Partner Ihre Gefühle in jener angemessenen Weise mitteilen, die der Bereicherung Ihrer Sexualität dient?

Sie nimmt sich die Zeit, mehr darüber zu erfahren, was ihr Körper mag und worauf er reagiert. Durch Berühren, Erforschen, Innehalten und Weitermachen findet sie präzise heraus, was sie fühlt, wenn sie erregt ist.

Atmosphäre schaffen

Ob wir gerade vor dem ersten Schritt stehen oder uns zum tausendstenmal lieben – wir müssen Atmosphäre schaffen. Was sagt die Umgebung über uns und unsere Beziehung aus, um ein Erlebnis positiv zu gestalten?

Betrachten wir zuerst die Örtlichkeit. Ist es wichtig, ob wir uns in der Sicherheit des eigenen Heims oder in der vergleichsweise fremden Wohnung unseres Partners aufhalten? Brauchen wir einen neutralen Ort wie etwa ein Hotel oder das Appartement eines Freundes? Suchen wir die Geborgenheit hinter verschlossenen Türen, oder bevorzugen wir die Umgebung eines Waldes oder Strandes? Zu Anfang einer Beziehung steht die emotionale Sicherheit für beide Partner an erster Stelle; erst wenn wir allmählich Vertrauen zueinander entwickelt haben, können wir uns weitergehende Experimente erlauben.

Überlegen Sie als nächstes, was Sie am Ambiente Ihrer Wohnung ändern. Lehnstühle und ein Beistelltisch zwischen den Sesseln sind Hemmnisse; allerdings können zu wenige Barrieren bedrohlich wirken, weil sie die Distanz zu rasch vermindern oder uns zu früh an das sexuelle Potential erinnern – was den jeweiligen Partner eventuell zum Errichten emotionaler Blockaden zwingt.

Alles was ablenkt, muß ebenfalls verschwinden. Legen Sie den Telefonhörer neben die Gabel oder schalten Sie den Anrufbeantworter ein und vereinbaren Sie

Rechts: Mit warmen, satten Farben, die untereinander und mit der Kleidung der beiden harmonieren, hat sie ein ausgesprochen sinnliches Ambiente geschaffen. Der Raum enthält eine Fülle von Strukturen – vom Brokat des Sofas über das glatte Holz des Tisches bis zu den weichen Blumen und Farnen. Nur wenige Barrieren stören – das Sofa sorgt für einen klaren Abstand zwischen ihnen –, und nichts lenkt das Auge ab. Das Sonnenlicht scheint schwach herein, vermutlich durch zugezogene Vorhänge, und die ganze Atmosphäre verströmt friedliche Sinnlichkeit. Und dennoch fallen in diesem Raum auch einige vielleicht weniger positive Dinge auf. Das Sofa selbst hilft die Distanz nicht zu verringern. Seine Konturen signalisieren etwas Energisches, vielleicht Hartes, das unvereinbar ist mit späterer Zärtlichkeit. Auf dem Tisch steht weder ein Krug noch eine Flasche, die als Vorwand zur Berührung der Hände beim Nachschenken dienen könnten. Und das Licht, das in seine Augen fällt, macht es ihm unmöglich, ihren Ausdruck klar zu erkennen oder Blickkontakt aufzunehmen. Es ist unklar, was als nächstes passieren wird. Sie streckt die Hand zu ihm hinüber, aber es besteht nach wie vor eine Distanz.

PERSÖNLICHER TEST

Beachten Sie diese Punkte, wenn Sie eine »liebestaugliche« Atmosphäre zaubern möchten:

- Ist es Ihre Wohnung oder die Ihres Partners?
- Was kann bleiben, was muß entfernt werden?
- Irgendwelche ablenkenden Dinge, die verschwinden sollten?
- Gegenstände zur Stimulierung der Sinne: sehen, hören, riechen, schmecken, fühlen.

mit Ihren Wohnungsmitbewohnern eine Zeit für die »sturmfreie Bude«. Haustiere können ablenken, obwohl eine verschmuste Katze oder ein kleiner Hund die ersten Momente der Begegnung entkrampfen können.

Bereichern Sie das Ambiente um Dinge, die das ganze Spektrum der Sinne ansprechen. Ist der Raum optisch attraktiv, passen die Farben gut zueinander? Ist die Beleuchtung dezent, läßt sie sich bei erwachender Leidenschaft herunterdrehen? Sorgen schöne Klänge für eine zärtliche Stimmung? (Musik ist seit jeher gut geeignet, doch ein Windspiel kann dasselbe bewirken.) Beachten Sie, Dinge zum Anfassen bereitzulegen, eine Palette stimulierender Tastreize von Stein bis Samt, von Spitze bis zu schimmerndem Holz, die das sinnliche Bewußtsein schärfen und so das Verlangen steigern. Erfreuen Sie nicht zuletzt auch Nase und Gaumen, stellen Sie frische Blumen, Speisen und Wein auf den Tisch. Wohlige Wärme erleichtert das Ablegen von Kleidungsstücken, wenn sich die Gelegenheit hierfür ergeben sollte.

Gehen Sie feinfühlig vor. Jeder der obengenannten Punkte kann im Übermaß das Gegenteil bewirken. Zuviel Musik, zuviel Wein, ein ungemachtes Bett, irgendwelche offenen sexuellen Anspielungen lösen in beiden Geschlechtern Alarmsignale aus, insbesondere am Beginn einer Beziehung. Das wirklich Wichtige bei dieser Vorbereitung sollte nicht sein, den Gast möglichst schnell zu verführen, sondern es zwei Menschen zu erleichtern, sich liebevoll näherzukommen. Und in diesem Sinn ist der wesentlichste Aspekt jeder Umgebung, wie sie auf die Personen einwirkt, die sich darin aufhalten. Am anregendsten ist ein Raum, der aussagt, wer wir sind – selbst wenn das Zimmer kühl und hell erleuchtet sein sollte und es dort nichts zu hören, riechen oder schmecken gibt.

Mit der Kenntnis unserer Vorlieben können wir uns auch besser auf unseren Partner einstellen. Wenn glatte Stoffe das Verlangen steigern, wählen Sie glänzende Laken oder drapieren Sie Fallschirmseide rings ums Bett. Wenn ein bestimmter Duft das Blut in Wallung bringt, verstecken Sie etwas davon unter dem Kopfkissen. Unterstreichen Sie die Bedeutung der Beziehung, indem Sie Fotos von Ihrem Partner aufhängen; heben Sie den Stellenwert des Neuen durch erotische Bilder hervor. Sexuell stimulierende Musik braucht nicht schwer und rhythmisch zu sein, ein Lieblingssong des Partners dürfte auch genügen. Erotischer Geschmack muß nicht Kaviar und Champagner beinhalten: Für manche von uns können Toasts und Orangensaft zwischen zwei Höhepunkten ebenso ausreichen.

Ein abschließender Gedanke. Wenn wir heute nacht keinen Sex wollen, können wir dies zu verstehen geben, indem wir das Gegenteil von obigen Tips tun: Möbel ungemütlich plazieren, für Ablenkung sorgen, die Beleuchtung hell drehen und Musik spielen, die schwermütig macht statt anregt. Seien Sie jedoch gewarnt: Diese Hinweise bedeuten vielleicht nicht bloß für heute nacht, sondern für immer ein »Nein«.

Miteinander reden lernen

Manchmal jedoch müssen wir miteinander reden, so gut sich unsere nonverbale Kommunikation auch eingespielt haben mag. Ob es unser Wunsch nach Berührung oder Verbindlichkeit ist, vielleicht unsere Freude über die Zukunft oder unser Bedauern über die Vergangenheit – wir müssen Dinge in Worte fassen und erreichen, daß unser Partner diese Worte zur Kenntnis nimmt und respektiert.

Doch das Reden fällt oft am schwersten. Wir sind vielleicht gehemmt, weil uns schlechte Erfahrungen aus früheren Beziehungen gelehrt haben, lieber nicht über Sex zu sprechen, daß Liebende auf jegliche Andeutung von Bedürfnissen oder Wünschen verstimmt reagieren oder daß man uns abweist, wenn wir unsere Gefühle verbal auszudrücken wagen. Unsere Körpersprache teilt uns mit, wann wir uns aussprechen können, und sie hilft auch, daß uns die Worte leichter über die Lippen kommen.

Wenn wir uns im Grunde anvertrauen wollen, aber mit verschlossenem Mund schweigend dasitzen, dann stimmt etwas nicht. Wenn unser Partner bestimmte Signale zeigt – sich auf die Lippen beißt, die Zähne zusammenpreßt oder an den Fingern kaut –, dann ist Reden in diesem Moment offenbar ein Problem. Bemerken wir auch nur winzige Zuckungen um den Mund des anderen, so können wir sicher sein, daß er gern etwas sagen würde, es jedoch nicht schafft. So erstaunlich uns das vorkommt, diese Körpersignale vermitteln uns nichts anderes, als daß sie die Worte zurückhalten. Wir wollen sie aussprechen, doch unsere Angst läßt uns den Mund vergessen, wir beißen uns auf die Lippen und unterdrücken unsere Worte. Ein weiteres Signal, auf das man achten sollte: wenn der Partner Löcher in die Luft starrt, als warte er verzweifelt auf eine Eingebung. Fangen wir dann aber doch an zu sprechen, sagen wir vielleicht nicht genau, was wir meinen; wieder kann uns

Sie möchte reden, aber ohne ihn dabei anzusehen. Er sitzt ganz dicht neben ihr, das Gesicht ihr zugewandt, und berührt sie mit einer Seite seines Körpers. Er hat den Kopf in ihre Richtung geneigt und schaut sie an, so daß sie seinen Blick erwidern kann, wenn ihr danach ist.

PERSÖNLICHER TEST
Beim Reden über Probleme kann Ihr Körper Sie an frühere Erlebnisse erinnern, als Worte zwecklos waren, oder Ihnen den Vorwand liefern, warum jetzt nicht der Moment ist, sich zu öffnen. Hier sind ein paar typische Gedanken, die uns beschäftigen, bevor wir uns offenbaren:

• Was wird sie von mir denken?… Ich sage es ihm nächstesmal… Mir fällt kein Wort ein, das nicht grob klingt… Sie könnte mich verlassen, wenn ich danach frage… Er könnte mich für ekelhaft halten… Ich sollte auf keinen Fall fragen… Mein letzter Partner fand es schrecklich, als ich sagte… Sie könnte glauben, ich sei abhängig von ihr… Er könnte annehmen, ich würde herummäkeln… Ich weiß wirklich nicht, was ich sagen soll… Was passiert, wenn er mich auslacht?… Was ist, wenn sie sich eingeengt fühlt?… Er könnte denken, daß ich ihn nicht mag…

die nonverbale Kommunikation irreführen. Um herauszufinden, ob Sie oder Ihr Partner sich zurückhalten, achten Sie nicht mehr auf die Worte; konzentrieren Sie sich statt dessen auf den Tonfall. Stottern und Stocken; Wiederholen oder Verwechseln von Wörtern; verdrehte oder unvollständige Sätze; zusammenhanglose Geräusche – all dies zeigt, daß wir nicht sagen, was uns wirklich auf dem Herzen liegt. Tief im Innern sucht die Wahrheit verzweifelt einen Weg, um sich noch gerade rechtzeitig zu offenbaren.

Der Schlüssel, das Schweigen zu brechen, liegt darin, die Worte nicht mehr herauszwingen zu wollen. Ob Sie sich in Schweigen hüllen oder Ihr Partner nach Worten ringt – verlegen Sie sich lieber auf die Körpersprache. Fegen Sie die Angst weg, indem Sie den besten Trost der Welt suchen oder spenden: liebevolle Berührung. Halten Sie eine Hand, umarmen Sie sich, und berühren Sie vor allem das Gefühlszentrum, das fast sicher verspannt und verängstigt sein wird. Jetzt ist nicht der richtige Augenblick zum Reden. Das werden Sie spüren – entweder weil Ihre eigenen Signale Sie davor warnen oder weil Ihr Partner erneut Anzeichen von Angst zeigt, sobald er oder sie zum Sprechen ansetzt. Der rechte Moment wird kommen, wenn Sie die Geduld haben, zu warten.

Ist es dann soweit, ergänzen Sie Ihre Worte durch körperliche Unterstützung. Bemühen Sie sich um Blickkontakt von Angesicht zu Angesicht oder, falls Sie sich dabei unwohl fühlen, um so viel Körperkontakt, wie Sie ertragen können, während Sie nebeneinander oder engumschlungen sitzen. Versuchen Sie Ihren Partner von hinten zu halten, wenn sich sein Gefühlszentrum im Rücken befindet, oder legen Sie eine Hand auf seinen Magen, wenn dort die Angst sitzt. Dies sind wirkungsvolle Wege der Körpersprache, Ihren Partner zu beruhigen und ihm zu sagen: »Ich bin da, ich helfe dir, ich höre dir zu.«

Wenn die Worte endlich zu sprudeln anfangen, lassen Sie sie kommen. Sind Sie derjenige, der spricht, fahren Sie fort, bis Sie sich leichter fühlen. Vertraut sich Ihr Partner Ihnen an, so können Sie ihm helfen, indem Sie mit einem Lächeln, einer festeren Umarmung, durch Blickkontakt oder Nicken Verständnis und Anteilnahme zeigen. Antworten Sie erst mit Worten, wenn Sie sicher sind, daß Ihr Partner bereit dazu ist, denn Worte sind oft ein versteckter Versuch, andere im Reden zu unterbrechen; dies könnte auch Ihr Partner so auffassen. Wollen Sie wirklich auf das, was er sagt, eingehen, dann hören Sie ihm weiter zu und lassen ihn Ihre Hände spüren.

Sinnliche Signale

Woran merkt man Erregung zuerst? Der erfahrene Liebhaber verspürt genau, wie stark das Verlangen bei einem Partner ist, und er weiß auch, wann es steigt oder schwindet.

Unser Körper gibt uns Zeichen, die uns nicht verborgen bleiben: Prickelnde Wärme füllt uns völlig aus; ein Schauer läuft den Rücken hinunter, oder es macht sich ein plötzliches Kribbeln in Lippen oder Fingerspitzen bemerkbar; womöglich bebt oder zittert unser Gefühlszentrum erwartungsvoll. Sie wird wohl verschiedene Empfindungen an den Brustwarzen, in den Rückenmuskeln, an Oberschenkeln, Handflächen oder dem Bauch registrieren. Seine Empfindung ist konzentrierter: eine erhöhte Sensibilität der Mundpartie und möglicherweise auch eine Erektion.

Mit wachsender Erregung ändern sich unsere Bewegungen; vielleicht rühren wir uns kaum, wenn uns die Leidenschaft überkommt, oder aber wir verspüren den Drang zu handeln und zu reagieren. Auch unser Partner bewegt sich anders und kommt uns nun – mit Körper, Mund, Händen und Zunge – fester und fordernder entgegen. Diese Berührung wird allmählich schneller und geht in einen eigenen Rhythmus über, während sich unser Partner enger an uns drückt. Und indem wir beide uns nach und nach in einen Zustand vollkommener Erregung versetzen, gleichen sich unsere Körper in sinnlichem Rhythmus immer mehr an.

Wir konzentrieren uns auch zunehmend innerlich; im Rausch der eigenen Gefühle nehmen wir nicht mehr bewußt wahr, was unser Partner gerade tut, und erleben dafür seine oder ihre Bewegungen immer intensiver als Teil unserer eigenen.

Es gibt auch etliche Körpersignale, die nicht der bewußten Kontrolle unterliegen. Wir können nicht durch Denken weniger schwitzen, eine Erektion bekommen oder unsere Haut sensibler machen. Da wir hierauf keinen Einfluß haben, sind diese Signale unbestechliche Gradmesser der eigenen Erregung und verschaffen uns die Möglichkeit, das Verlangen des Partners zu erkunden.

So lernen wir in einer Beziehung mit der Zeit, was uns Lust bereitet und was nicht, indem wir ständig darauf achten, wie sich unsere eigenen sinnlichen Signale und die unseres Partners entwickeln.

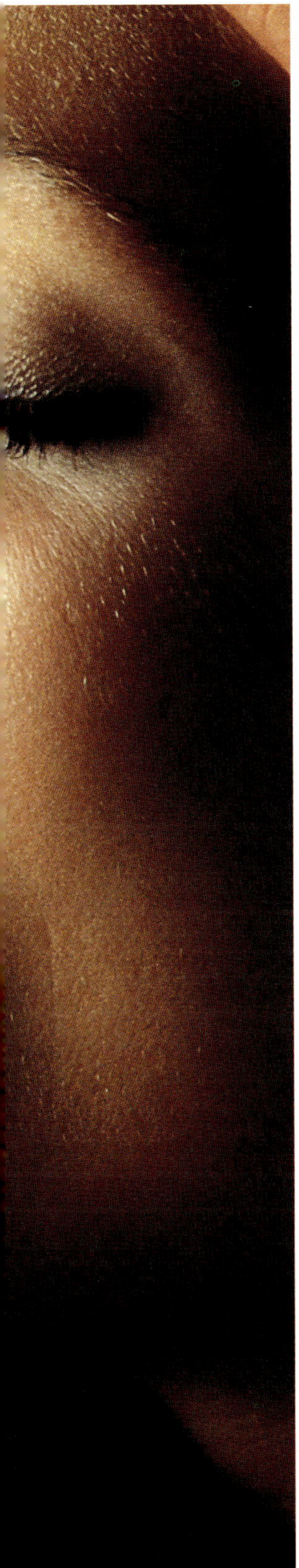

Unten: In Erregung schließt sie mit zitternden Lidern die Augen, oder ihr Blick wird verschwommen. Ihre Haut wird fester und wärmer, Gesicht und Körper überzieht ein leichter Schweißfilm, dessen Geschmack und Geruch sich mit zunehmendem Verlangen ändern können.

Unten: Langer Blickkontakt, oft mit Pupillenerweiterung, ist ein typisches Zeichen von Sinnlichkeit. Ihr Mund öffnet sich, die Zunge kommt kußbereit zum Vorschein. Die Lippen werden voller und sensibler, der Mund wird sehr trocken oder feucht.

Links: Wenn sich ihre Erregung weiter steigert, schießt das Blut förmlich in Gesicht, Hals und Brust. Später, auf dem Gipfel des Verlangens, kann sich diese Röte vertiefen und über Bauch und Busen ausdehnen. Gleichzeitig werden auch alle übrigen Körperteile kräftiger durchblutet – eine Vorbereitung auf die physische Stimulation und Belastung durch den Liebesakt.

Unten: Alle Aufmerksamkeit konzentriert sich innerlich auf die Haut. Ihr Muskeltonus ändert sich, sie bleibt locker und geschmeidig oder wird zunehmend fester. Unter der Oberfläche ist eventuell ein Muskelzittern oder Beben der Nerven spürbar. Die Haut wird deutlich sensibler; trotzdem können wir jegliches Unbehagen oder gar Schmerzen, die wir in der Lust der Erregung spüren, ausschalten.

Links: Mit wachsender Erregung sprechen wir weniger, langsamer und leiser, dafür klingt die Stimme rauher, tiefer, mitunter zittriger. Hören Sie auch, wie Puls- und Atemfrequenz in die Höhe schnellen, wenn Adrenalin in den Körper gepumpt wird; die Atemzüge können tief oder hastig und flach sein; auch der Blutdruck kann steigen. All diese biologischen Reaktionen bereiten den Körper auf seinen Einsatz vor.

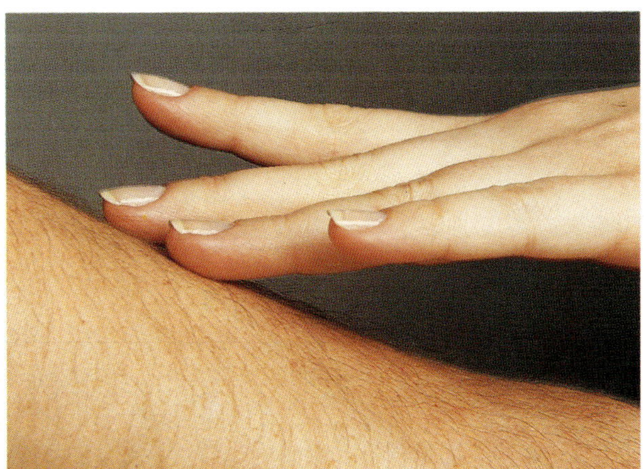

Wer führt – wer folgt?

In jeder Partnerschaft existiert stets eine Balance zwischen Führen und Geführtwerden. Früher agierte nur er; er regte zum Sex an, wechselte Stellungen und geleitete sie durch das Liebesgeschehen. Sie ließ ihn gewähren; jede Initiative ihrerseits wurde noch bis vor gar nicht so langer Zeit so ausgelegt, als sei sie zu erfahren und nur darauf bedacht, ihren Nutzen aus der körperlichen Vereinigung zu ziehen.

Heute ist die Situation ganz anders. Wir schätzen Initiative bei beiden Geschlechtern und daß, selbst wenn keiner der Partner die aktive Rolle übernimmt, einer dennoch sanft führen kann, indem er mit unbewußten Berührungs- oder Atemsignalen das Geschehen beeinflußt und mit unmerklichen Tempo- oder Druckvariationen den Rhythmus bestimmt. Wir erkennen auch, daß wir bei jedem Liebesakt abwechselnd die Initiative ergreifen und bald fordernd, bald willig sein können.

Seien Sie sich bewußt, wie Sie und Ihr Partner beim Liebesspiel führen und folgen: Der Aktive kann den Partner in eine angenehme Stellung dirigieren oder sich zurückbewegen und den anderen zum Nachziehen ermuntern; der Führende bestimmt auch Position, Rhythmus und Tempo. Der Passive wird sich lieber treiben lassen und keine offenen Vorschläge machen, sondern liebevoll auf das Angebotene eingehen; Muskeln und Glieder sind locker, entspannt und glücklich, sich zu bewegen und dann auf einen Wink des Partners zu ruhen.

Nicht selten werden Agieren und Reagieren mit Aktivität und Passivität verwechselt. Manche greifen in der Liebe nie auf diese »Rollen« zurück; sie sind eher Stilvorlieben als Kontrollmechanismen, und wir schalten oft zwischen ihnen hin und her. Wenn wir aktiv sind, ergreifen wir gern die Initiative – ob wir nun küssen, onanieren, Oralsex machen oder Geschlechtsverkehr haben: Wir konzentrieren uns nach außen und beobachten erfreut die Reaktionen des Partners; die Freude an den eigenen Gefühlen zählt für uns in diesem Augenblick nicht soviel.

Umgekehrt sind wir vielleicht auch mal gern passiv und genießen die Lust, die uns der Partner schenkt, wissend, daß wir sie im Grunde geben, indem wir ihm den aktiven Part überlassen. Meist schließen wir in innerer Versunkenheit die Augen, liegen still oder überlassen uns völlig unseren Empfindungen. Wir haben es gern, wenn unser Partner sich mit uns beschäftigt; der Kitzel des aktiven Scharfmachens liegt uns nicht – zumindest nicht für diesen Moment.

Wenn wir konsequent ebendiese Einstellung beherzigen – Führer, Nachfolger, Geber oder Nehmer –, finden wir möglicherweise einen Partner, der hundertprozentig zu uns paßt, weil er über die komplementären Fähigkeiten verfügt. Wir können uns gemeinsam auf eine Form der Liebe konzentrieren, welche die Bedürfnisse beider Seiten befriedigt und nicht verlangt, daß wir in Rollen schlüpfen, in denen wir uns im Grunde nicht entspannt und wohl fühlen.

Sind wir jedoch mit jemand zusammen, der uns nicht ergänzt, dürften unausweichlich Probleme entstehen: Wenn zwei Aktive sich der Liebe widmen, fliegen oft die Fetzen, während bei zwei Passiven der Liebesakt zu einer faden Angelegenheit verkümmern kann. Zwei Geber werden um das Vergnügen, sich gegenseitig Lust zu bereiten, wetteifern; zwei Nehmer werden verwirrt sein, weil keiner der beiden aus sich herausgeht. Ebenso mögen wir vielleicht einen Partner, der hauptsächlich nimmt, als egoistisch abstempeln, wenn wir von ihm Lustgewinn erwarten. Stellen wir bei einem Liebhaber, von dem wir uns auch mal eine gewisse Passivität erhoffen, fest, daß er im Grunde nur geben kann, so halten wir ihn oder sie eventuell für zu beherrschend. Jedes Schema bedarf einer Ausgewogenheit, bei der zwei Menschen Partnerarbeit leisten, um ein Ganzes zu bilden.

Das Geheimnis liegt darin, emotional flexibel und zum Rollentausch motiviert wie auch fähig zu sein. Wenn wir also die Körpersprache unseres Partners lesen und erkennen, daß wir einen Führer vor uns haben, werden wir vielleicht eine Zeitlang in die Empfängerrolle schlüpfen wollen; wissen wir, daß unser Partner ein Nehmer ist, dann treten wir am besten gelegentlich als Geber auf und genießen das Vergnügen unseres Partners. Wenn sich unsere Bedürfnisse mit der Zeit angleichen, werden wir in der Lage sein, jede dieser vier Rollen im Bett zu spielen und dann mit einer idealen Ausgewogenheit eine perfekte Harmonie zu erreichen.

Links: Was passiert hier wirklich? Es scheint, als wolle er sie jagen, doch ist sie es, welche die Initiative ergriffen hat und ihn dazu anstachelt. Er schaut sie an, lächelt und spielt fröhlich mit, doch er reagiert nur, statt selbst das Heft in die Hand zu nehmen. Die hier vorgeführte Körpersprache zeigt, daß Begriffe wie »Dominanz«, »Unterwerfung« und »Initiative« bezüglich Sex irreführend sind. Bei jeder partnerschaftlichen und beglückenden intimen Begegnung drücken wir – selbst wenn wir ganz passiv erscheinen – durch Bewegung, Ausdruck, schwaches Einatmen unterschwellig unsere Wünsche aus. Nur bei rein mechanischem Sex, bei dem einer freudlos dem anderen zu Willen ist, ließe sich tatsächlich sagen, daß ausschließlich ein Partner die Kontrolle hat.

PERSÖNLICHER TEST

Kreuzen Sie bei den folgenden Aussagen jeweils an, was am ehesten auf Sie zutrifft. Sehen Sie dann in der Auflösung nach, was Ihre Antworten über Sie aussagen.

1 (a) Ich spiele lieber mit meinem Partner.
(b) Ich bevorzuge es, wenn mein Partner mit mir spielt.

2 (a) Ich lasse mich im Bett gern mittreiben.
(b) Ich denke gern voraus und plane die nächste Stellung.

3 (a) Beim Sex übernehme ich gern den aktiven Part.
(b) Beim Sex bin ich gern der passive Nehmer.

4 (a) Ich verführe seltener zum Sex als mein Partner.
(b) Ich verführe häufiger zum Sex als mein Partner.

5 (a) Beim Sex liebe ich das Gefühl, wenn mir mein Partner seine Wünsche mitteilt.
(b) Beim Sex liebe ich es, meine Wünsche zu äußern.

6 (a) Wenn wir kämpfen, verliere ich gern.
(b) Wenn wir kämpfen, gewinne ich gern.

7 (a) Ich schreibe beim Sex in der Regel das Tempo vor.
(b) Ich bin glücklich, wenn ich meinen Partner das Tempo bestimmen lasse.

Auflösung

Führer: 2(b); 4(b); 5(b); 7(a)
Nachfolger: 2(a); 4(a); 5(a); 7(b)
Geber: 3(a); 1(a); 6(b)
Nehmer: 3(b); 1(b); 6(a)

Berührungen

Beim Berühren und Berührtwerden versenden wir Botschaften, die viel direkter sind, als Worte oder Blicke es je ausdrücken könnten.

Berührung ist unsere erste Kommunikationsform überhaupt. In den ersten Lebenswochen, wenn die Augen noch nicht scharf sehen und der Verstand Worte noch nicht begreifen kann, ist Hautkontakt die wichtigste Möglichkeit, mit der Welt Verbindung zu halten. Während des Heranwachsens erinnert er uns an die Liebe und Geborgenheit jener frühen Tage und entwickelt sich zu einem unfehlbaren Instrument, Zuneigung und Trost zu schenken. Für Erwachsene wird Berühren zur wichtigsten Ausdrucksform der Leidenschaft; wir schalten Augen und Ohren ab und nehmen die Welt allein über die Haut wahr.

Welche Berührungsvarianten ermöglichen eine zielsichere Kommunikation? Der Körperteil, den wir berühren möchten, ist das erste Indiz unserer kommunikativen Absicht. Ganz einfach ausgedrückt: je intimer der Körperteil, desto intimer die Berührung. Eine Umarmung des ganzen Körpers bedeutet etwas völlig anderes als ein Kuß am Ohr. Das Ausstrecken einer Hand ist ein Schritt in Richtung Intimität oder Kameradschaft, während das Streicheln der Füße eher Vertrauen zwischen Liebenden signalisiert. Das Nasenreiben, bei den Polynesiern eine förmliche Begrüßung, wäre im westlichen Kulturkreis ein lustiges Zeichen der Vertrautheit; dagegen beweist ein sanfter »Schmetterlingskuß« mit Augenaufschlag die gegenseitige Zuneigung zweier Verliebter.

Untersuchen wir als nächstes die Art unserer Berührung. Streicheln, reiben, kitzeln, kratzen, massieren, kneifen, knuffen oder tätscheln wir? Alles kann unglaublich erotisch sein – allerdings ebensogut ein Signal dafür, daß Gefühle in Ausgelassenheit, drängendes Verlangen oder sogar Ärger umschlagen.

Jeder Aspekt einer Berührung – Druck, Geschwindigkeit, Rhythmus – kann als Träger einer geringfügig anderen Botschaft ausgelegt werden. So könnte eine leichte, zarte Berührung mit wenig Druck eine erotische Neckerei sein. Mit wachsender Leidenschaft kann die Berührung fester und energischer werden. Doch Vorsicht: Zartheit kann heißen, daß der Berührende unsicher ist, wogegen Festigkeit eine platonische Vertrautheit und Nähe andeuten kann. Ein langsamer, regelmäßiger Rhythmus signalisiert Entspannung oder Beruhigung; das Tempo steigert sich mit dem Verlangen und um erotisches Interesse zu wecken.

Oben: Sanft, aber bestimmt neigt sie sein Gesicht zu sich hinab, während ihre Lippen zärtlich sein Ohr streifen. Mit der anderen Hand hält sie ihn flach und fest am Rücken; dabei schmiegt sie sich eng an ihn und schenkt ihm Wärme und Nähe.

Rechts: Sie rückt näher zu ihm, und er drückt sich seinerseits fester an sie. Ihr Atem ist warm an seinem Ohr, und seine Erregung drückt sich dadurch aus, daß er den Kopf dreht und dabei den Mund langsam öffnet.

Wärme und Feuchtigkeit sind eindeutige Signale: Die Haut wird bei Erregung warm und feucht; eine kalte Berührung, ob trocken oder klamm, verrät dagegen in der Regel Angst oder Unsicherheit.

Der Schlüssel zur Sprache der Hände liegt in der Abstimmung der Gefühlsantwort auf das Bedürfnis. Wenn Sie wissen, daß Ihr Partner Trost und Sicherheit braucht, versuchen Sie es mit einer festen, langen Umarmung des ganzen Körpers, mit vielleicht wiegenden Bewegungen zur Beruhigung. Erwacht das Verlangen, probieren Sie es zunächst mit zärtlichen, langsamen Berührungen, die allmählich in intensivere, rhythmischere Bewegungen übergehen. Doch jeder Mensch hat individuelle Wünsche; leichte, schnelle, neckische Berührungen sind vielleicht wunderbar für sie, während er vom ersten Augenblick an fest und gleichmäßig gestreichelt werden möchte.

Oben: Sie beißt und leckt sein Ohr und streichelt seinen Hals. Die Berührung der Zunge in seinem Ohr symbolisiert, was anderswo im Körper geschehen könnte: nämlich ihre Zunge in seinem Mund oder der Penis in der Vagina. Symbolische Berührungen zu Beginn einer Beziehung können sowohl ausdrücken, daß wir zu intimeren Schritten bereit sind, als auch ergründen, ob unser Partner über die Entwicklung glücklich ist. Für feste Partner bedeuten sie Vorfreude auf das, was kommen wird.

Mundmusik

Als Baby empfingen wir mit unserem Mund Nahrung vom Mittelpunkt unserer Welt – der Mutter. Später untersuchten wir alles, was uns in die Finger geriet, durch Beißen, Knabbern oder Kauen. War es lecker, mochten wir es.

In vergleichbarer Weise bieten wir mit wachsender Intimität einem Partner unseren Mund an – ein Zeichen für den Wunsch nach Nähe, aber auch unsere Gelegenheit zu testen, ob Nähe der richtige Schritt ist. Schmeckt diese Person gut? Und wie schmecken wir ihr?

Der Mund ist wie geschaffen zur Kommunikation. Bei Erregung werden die Lippen stärker durchblutet und dadurch empfindlicher. Talgdrüsen am Rand der Lippen und im Mund produzieren Substanzen, die ebenfalls auf bestimmte Emotionen schließen lassen.

Ebenso dient der Mund dazu, bei unserem Partner Reaktionen zu wecken. Mittels Hauchen, Saugen, Atmen, Lecken, Beißen und Küssen vermögen wir erstaunlich zahlreiche Spielarten zu erkunden. Liebende, die sich der Vielfalt der Körpersprache bewußt sind, wechseln problemlos die Spielart, variieren Druck, Tempo und Rhythmus und passen die Bewegung der Stimmung an. Die besondere Wärme und Feuchtigkeit des Mundes, die Möglichkeiten, die sich durch die Weichheit oder Härte von Lippen und Zunge ergeben, und die feste Bißkante der Schneidezähne können bei vielen Körperteilen sehr spezielle Reaktionen hervorrufen.

Zwei Münder kommunizieren auch über ihre Reaktionen. Wenn sich der Mund des Partners öffnet und uns einläßt, so wird uns etwas Positives zuteil. Sucht die Zunge des Partners die Begegnung mit unserer, dann steigt das Verlangen. Eine feste, energische Zunge ist zweifellos erregt, während sie weich und nachgiebig den Wunsch nach langsamerer Liebe ausdrücken kann. Wird sein Mund feuchter, oder will unser Partner lieber einen trockenen Kuß? Anhand der Talgdrüsensekrete lassen sich sogar Veränderungen im Geruch und Geschmack registrieren, die uns sagen, wann es Zeit ist, die nächste Phase der Leidenschaft einzuleiten. Indem wir unsere eigene Mundmusik variieren und dann auf das Echo unseres Partners achten, werden wir schon bald fähig sein, eine Form zu finden, die den Bedürfnissen beider Partner gerecht wird.

Oben: Ein Kuß mit geschlossenen Lippen dient Paaren als Begrüßung in der Öffentlichkeit oder als Pausenzeichen bei der Sinnlichkeit. Zwischen möglichen Partnern bedeutet er oft, daß der eine den anderen bremsen will.

Oben: Ein Kuß mit offenem Mund und Zungenspielen reflektiert letztlich Sex und gibt beiden wichtige Hinweise auf ihre Bedürfnisse beim späteren Geschlechtsverkehr.

PERSÖNLICHER TEST

Welche Art Kuß mögen Sie zu Beginn der Liebesbegegnung, wenn das Verlangen steigt und Sie zum Geschlechtsverkehr überleiten? Berücksichtigen Sie folgende Punkte:

- Offener oder geschlossener Mund
- Harte oder weiche Lippen
- Regelmäßiger oder unregelmäßiger Rhythmus
- Starker oder schwacher Druck
- Langsames oder drängendes Tempo
- Zunge viel/wenig/gar nicht im Spiel
- Lippen und Zunge naß oder trocken
- Zunge weich oder fest
- Tempo und Rhythmus des Zungenschlags

Oben: Sanft streichelt sie seinen Kopf und lenkt so den Kuß in die von ihr gewünschte Richtung. Sie lehnt sich in seine Hand zurück und beginnt sein Gesicht zu küssen, während er an ihrer Unterlippe knabbert.

Links: Die Arme um seinen Hals geschlungen, zieht sie ihn an sich und zeigt damit ihr Verlangen nach einem innigeren Kuß. Druck, Rhythmus, Tempo und Tiefe von Mund und Zunge ändern sich mit der Erregung; ob dieser Wechsel allerdings von langsam zu schnell, von weich zu hart geht oder umgekehrt, hängt von den jeweiligen Bedürfnissen ab.

Berühren – ja oder nein?

Unser Körper ist unser Revier, das wir sorgsam hüten, bis die Zeit kommt, da wir anderen Menschen gestatten, unser Territorium zu betreten. Und so werden wir zu Beginn jeder Beziehung feststellen, daß wir Berührungen an manchen Stellen bevorzugen, an anderen dagegen nicht – jedenfalls nicht im Moment.

Langsam arbeiten wir uns durch unsere persönlichen Ja- und Nein-Zonen vor. Wir erlauben Freunden und neuen Liebhabern den Kontakt mit den peripheren Partien unseres Körpers, und mit wachsendem Vertrauen lassen wir sie immer dichter ans Zentrum unseres persönlichen Territoriums heran.

Hierbei gehen wir nicht einheitlich vor. Unsere Erziehung kann sich dergestalt auswirken, daß der Berührung mancher Bereiche auf bestimmte Weise Grenzen gesetzt sind, beispielsweise das Liebkosen der Genitalien mit der Zunge. Mit dem Älterwerden sinkt die Zahl der Tabuzonen, obwohl traumatische Erlebnisse, etwa sexuelle Angriffe, neue erzeugen können. Trotz klarer Unterschiede hinsichtlich der Geschlechtsorgane fühlen Männer und Frauen bei der Frage, wo und wann eine Berührung willkommen ist, ähnlicher, als wir vielleicht meinen: Er hat genauso Tabuzonen wie sie, wenngleich er im allgemeinen drängender und weniger vorsichtig auf Berührung aus ist. Und es gibt auch immer individuelle Nein-Zonen: besonders sensible Regionen wie Knöchel oder Hoden, kitzlige Stellen wie Rippen oder Füße oder empfindliches Narbengewebe.

Harmonisch fließende Körpersprache bedeutet, daß wir sowohl mit unseren eigenen Nein-Zonen als auch mit jenen des Partners vertraut werden. Beim Näherkommen der Hand verspüren wir vielleicht Anspannung, Unbehagen, eine plötzliche Kälte, und alle Leidenschaft erlischt. Wenn wir eine Tabuzone beim Partner zu berühren versuchen, spüren wir vielleicht Anzeichen der Zurückhaltung: etwa daß er den betreffenden Körperteil abschirmt, zurückweicht oder uns mit der Hand bremst und den Atem anhält.

Ob wir argwöhnisch sind oder unser Partner verspannt ist – am besten reagiert man auf einen Rückzug, indem man ihn körperlich wie gefühlsmäßig respektiert. Meiden Sie umgehend die Stelle und sagen Sie das auch klar und deutlich, oder Ihre Liebkosungen enden mit einem Debakel.

Unten: Für viele Paare bedeutet das erste Vordringen unter die Kleidung eine Schlüsselphase. Nun gilt es, besonders wachsam auf Hintergedanken zu achten und bereit zu sein, darüber zu reden, wenn sie aufkommen sollten.

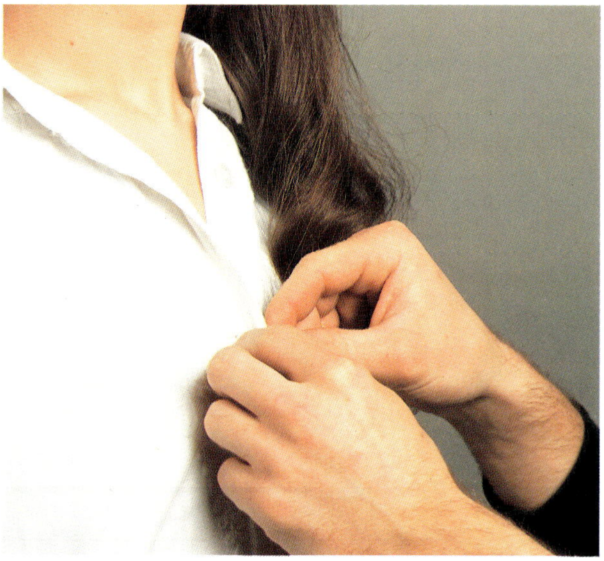

Später nutzen Sie die Körpersprache der Berührung und Nähe, um Sicherheit zu schenken und Vertrauen wiederzugewinnen. Klären oder erforschen Sie gemeinsam, ob dieser Tabubereich nur jetzt gilt oder für immer. Seien Sie im letzteren Fall versichert, daß eine Nein-Zone keine Ablehnung von seiten des Partners ist, sondern sich damit eine tiefverwurzelte Angst verbindet. Steht die Nein-Zone nur vorübergehend unter Tabu, widmen Sie sich ihr wieder, sobald Vertrauen und Leidenschaft gewachsen sind.

Das Gegenteil der Nein-Zonen sind natürlich jene Körperregionen, an denen wir Berührungen besonders gern haben. Erogene Zonen (siehe Seiten 64–65), Genitalbereich und Gefühlszentren (siehe Seite 46) sind die wichtigsten, doch viele der Stellen, wo wir speziell von einem Liebhaber berührt werden wollen, werden von uns bevorzugt, weil sie am sensibelsten reagieren. Indem wir den Kopf des geliebten Partners in unseren Armen bergen, ihm übers Haar streichen oder die Füße massieren, lernen wir bestimmte Ja-Zonen kennen und widmen uns ihnen mit Vergnügen.

Rechts: Die ersten Phasen der Intimität erlauben Berührungen mit dem Mund (dunklere Zonen) bei ihm an Unterarmen, Gesicht und Hals, bei ihr nur an Gesicht und Händen. Anfassen (hellere Zonen) darf sie ihn jedoch an Oberkörper und Unterschenkeln, er sie an Schultern, Armen und Taille. In den mittleren Phasen können alle Körperteile mit Ausnahme der Genitalien berührt werden, wenngleich die größere Intimität des Mundkontakts eingeschränkter ist. Ist voller Sexualkontakt erlaubt, dürfen auch die Geschlechtsorgane mit einbezogen werden. Ob es dann aber zu Oralsex kommt oder nicht, hängt von individuellen Wünschen oder Hemmungen ab.

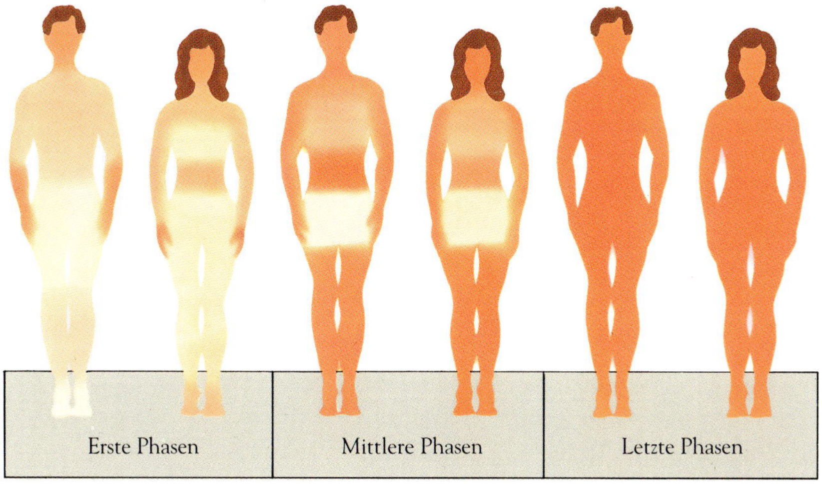

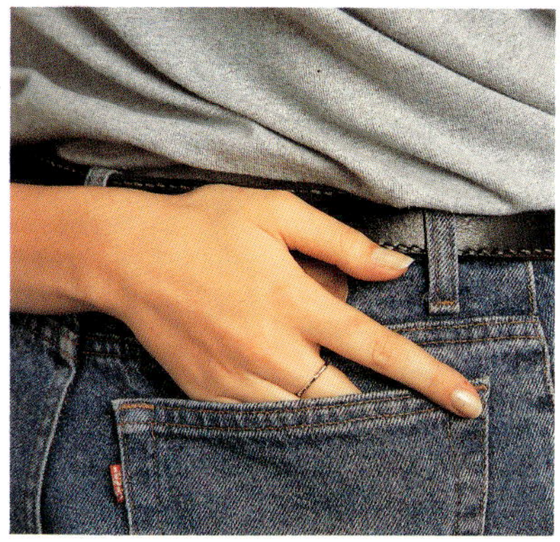

Oben: Bei vielen Paaren variieren die Ja- und Nein-Zonen je nachdem, wie die Partner in der Öffentlichkeit auftreten. Ihre Hand mit den Fingern an seinem Hosenbund und in seiner Gesäßtasche zeigt nicht nur, daß die beiden über die erste Phase der Intimität hinaus sind, sondern daß es ihm nichts ausmacht, vor allen Leuten dort berührt zu werden, und sie ist glücklich, sich so vertraut mit ihm sehen lassen zu können.

Links: Dieses Paar scheint sich sehr nahe zu sein; die Gesichter berühren sich fast, ihr Busen ruht an seiner Brust. Doch schauen Sie nach unten. Sein Becken steht senkrecht, ihres dagegen ist deutlich abgerückt und signalisiert, daß sie entweder noch nicht zu tieferem Kontakt bereit ist oder sich von früherer Intimität zurückzieht. In der oberen Bildhälfte bemerken wir dann, daß er den Kopf verführerisch schieflegt, während ihr direkter Blick und ihre Rückenspannung eine drohende Konfrontation vermuten lassen.

Ausziehen mit Stil

Ob wir uns selbst ausziehen oder uns gegenseitig entkleiden – wir sollten in jedem Falle stilvoll dabei vorgehen.

Die Art und Weise, wie ein Partner seine Kleidung ablegt oder uns auszieht, sagt schon viel aus. Wer hastig aus seinen Sachen schlüpft, brennt wahrscheinlich vor Lust, obgleich ein langsames, verführerisches Ausziehen durchaus sinnlichere Freuden verheißen kann, sobald die Leidenschaft erwacht. Ein Partner, der sich am rutschenden Stoff erregt und an dem gleitenden Gefühl, wie die Haut Zentimeter für Zentimeter entblößt wird, ist ein Mensch, der Berührungen genießt; dies wird sich auch beim Sex zeigen. Jemand, der einen Körperteil von sich besonders achtsam und stolz enthüllt, findet diesen sicher erotisch und sehnt sich wahrscheinlich nach Berührung und Komplimenten. Wichtig ist auch, wie sich zwei Partner beim Ausziehen verhalten. Lockerheit, viel Augenkontakt, Aufmerksamkeit dem Partner gegenüber und aufreizende Bewegungen lassen wohl einen vertrauensvollen oder extrovertierten Liebhaber vermuten. Verschlossenheit beim Ausziehen kann Schüchternheit oder Ungewißheit über das Bevorstehende als Ursache haben oder einfach bedeuten, daß sich der Betreffende nicht gern nackt zeigt.

Wenn es darum geht, von einem Partner entkleidet zu werden, zeigen die Menschen ebenfalls sehr unterschiedliche Reaktionen. Manche fürchten, dabei die Beherrschung zu verlieren, und schrecken davor zurück. Dann ist ein sofortiger Rückzug angeraten; überlassen Sie Ihrem Partner die Kontrolle, bis er oder sie bereit ist, sie abzugeben. Andere sind geradezu darauf erpicht, rundum bedient zu werden. Besonders er wird sich gern zurücklegen, die Hände hinter dem Kopf verschränkt, und es genießen, daß er nichts zu tun braucht; sie kann ihn erst ausziehen und dann seinen Körper mit sinnlichen Küssen verwöhnen. Wenn ein Partner wortlos andeutet, daß er ausgezogen werden möchte, ist es höchst angenehm, ihn hierin zu unterstützen. Manche Menschen entdecken vielleicht, daß dies der einzige Moment ist, wo sie sich treiben lassen können und umsorgt werden.

Manche Frauen versinken in einer fast kindlichen Passivität und lieben es, Stück für Stück entkleidet zu werden, ohne selbst das geringste zu tun. Ihr Verlangen kann sogar schwinden, während sie liebevoll umsorgt wird. Knuddeln Sie sie dann, schmusen Sie ausgiebig mit ihr und vergessen Sie die Sinnlichkeit für eine Weile, bis ihre Erregung sich wieder bemerkbar macht; mittels Körpersprache hat sie wohl signalisiert, daß sie für eine kurze Zeitspanne einfach eher Zuwendung statt Lust wünscht.

Das Ausziehen kann auch in Form einer »Rauferei« erfolgen, bei der sich die Partner gegenseitig die Klamotten vom Leib reißen. Sträubt sie sich, wenn er sie auszuziehen versucht, könnte sich vielleicht darin die Bitte an ihn äußern, so zu tun, als würde er sie stürmisch entkleiden. Entkleiden Sie sie Stück für Stück, ihre Hände nach unten gehalten, mit zärtlich erregenden Pausen – nicht, um sie zu foppen, sondern um sie zu einem erotischen Erlebnis zu animieren. »Sträubt« er sich, muß er sachte vorgehen, damit sie ihn »überwältigen« kann. Freilich, wehrt sich ein Partner ernsthaft, mit wütender Stimme oder mit entsprechendem Ausdruck in den Augen, ist sofortiges Aufhören geboten. Seien Sie achtsam, bevor Sie weitermachen; Sie rühren vielleicht an tiefen Ängsten oder quälenden Erinnerungen.

Beim Ausziehen braucht es nicht still zuzugehen, um eine sinnliche Atmosphäre zu schaffen. Wenn Sie nicht wissen, wie Sie mit Strapsen, Hosenträgern oder dem Hosenschlitz umgehen sollen, dann legen Sie keine falsche Scheu an den Tag und fragen Sie Ihren Partner. Ein liebevolles Wort, um das Schweigen zu brechen, während Sie beide einen Reißverschluß traktieren, überspielt vielleicht die momentane Verlegenheit und bringt Sie einander noch näher.

Auch für unsere »Ausziehtechnik« gilt: Übung macht den Meister. Ein Spiegel kann helfen, entweder um davor verschiedene Bewegungen und Gesten auszuprobieren, oder um der Sache durch die reflektierte Szenerie etwas zusätzlich Pikantes zu verleihen. Gehen Sie langsam vor. Entblößen sie zuerst Arme und Beine und heben Sie sich die letzten, intimen Wäschestücke bis zum Schluß auf. Oder drehen Sie den Spieß um und beginnen Sie mit dem Intimbereich: Der Anblick von Schamhaar oder ein erigierter Penis, der aus der Unterhose hervorlugt, kann sehr erregend wirken.

Langsam und sinnlich steuern sie auf Nacktheit zu. Vielleicht ist ihre Liebe noch jung, oder sie wissen nicht genau, was der andere braucht. Sein Hemd ist bereits offen, nun widmet er sich ganz ihr. Sie schauen sich an, die Körper einander zugewandt, während er vorsichtig ihre Bluse aufknöpft. Ihr Lächeln zeigt ihm, daß sie sehr glücklich ist, und ihre Hand auf seinem Knie sowie ihr Arm an seinem Rücken halten Kontakt. Ihr Ausziehen läuft nicht hastig und drängend, sondern respektvoll und sanft ab; ihr Liebesspiel wird fast sicher zärtlich beginnen, obwohl beide mit wachsendem Vertrauen auch tiefere Leidenschaft erleben können.

Flirten Sie gekonnt (siehe Seiten 28–29); wechseln Sie zwischen nach außen gekehrten, enthüllenden Bewegungen und dezenten, verhüllenden Rückzugsgesten ab. Wenn aber Sie oder Ihr Partner sich genieren, verzichten Sie am besten auf das Flirten und konzentrieren sich einfach darauf, beim Ausziehen einander sehr nahe zu sein.

Oder versuchen Sie doch einmal, sich gegenseitig mit geschlossenen Augen zu entkleiden; konzentrieren Sie sich dabei ganz auf Tastempfindungen und Geräusche wie Einatmen oder zartes Liebesgeflüster, das Ihnen sagt, wann Sie es richtig machen. Es gibt kaum ein erregenderes Vorspiel als ein wirklich sinnliches und stilvolles Ausziehen.

PERSÖNLICHER TEST

Was es beim Ausziehen für Regeln zu beachten gilt:

• Sie sollten

Strapse tragen, aber nur, wenn sie Ihnen auch gefallen

sich viel berühren beim gegenseitigen Ausziehen

manchmal ein paar Kleidungsstücke anbehalten

beim gegenseitigen Ausziehen Neues ausprobieren

kuschelige Morgenmäntel für »danach« bereitlegen

• Sie sollten nicht

Ihre Socken bis zuletzt anbehalten

an ihrem BH herumfummeln – lassen Sie sich helfen

die Dinge überstürzen – das Ausziehen soll Spaß machen

alte oder altmodische »Liebestöter« tragen

erwarten, seine Jeans problemlos abstreifen zu können

Erogene Entdeckungsreise

Manche Zonen unseres Körpers bereiten uns bei Berührung mehr Lust als andere. So sind die Geschlechtsorgane eindeutige Lustzentren – doch darüber vergessen wir schon mal, daß auch der übrige Körper erregbar ist.

Unsere erogenen Zonen sind Schlüsselbereiche, die auf sinnliche Berührung besonders sensibel reagieren, was unsere Bereitschaft zum Sex signalisiert und uns darauf einstimmt. Bei Erregung treten in diesen Körperteilen die Kapillargefäße an die Hautoberfläche, wodurch die Nerven sensibilisiert werden und Partien wie Lippen und Ohrläppchen anschwellen, und als Folge mehr Streichelfläche entsteht.

Um unsere erogenen Zonen zu finden, können wir auf Entdeckungsreise gehen und erforschen, wo wir am erregbarsten sind. Wenn wir Geschlechtsverkehr bewußt ausklammern, können wir uns die Zeit nehmen, unsere Lustbereiche ausfindig zu machen. Dabei sammeln wir Erfahrungen, die uns für unser ganzes Sexualleben von Nutzen sein werden. Verbringen Sie drei

Unten: Die dunklen Flächen zeigen einige typische erogene Zonen. Bei ihm sind diese mehr im Intimbereich konzentriert; ihre sind dagegen nahezu über den ganzen Körper verteilt.

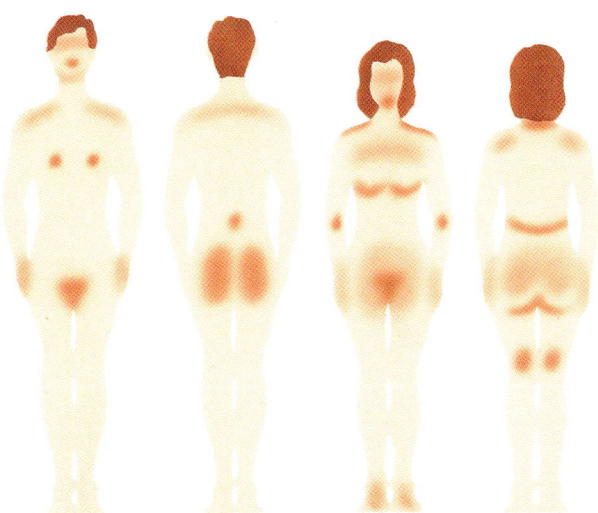

PERSÖNLICHER TEST

Vielleicht möchten Sie die obigen Diagramme als Vorlage benutzen. Markieren Sie darin nach Ihrer Entdeckungsreise Ihre erogenen Zonen und wie Sie berührt werden möchten. Tragen Sie mit verschiedenen Farben die Zonen ein, die Ihnen ein »Mmmm«, ein »Ja, bitte« oder ein »O ja, ja, ja!« entlocken.

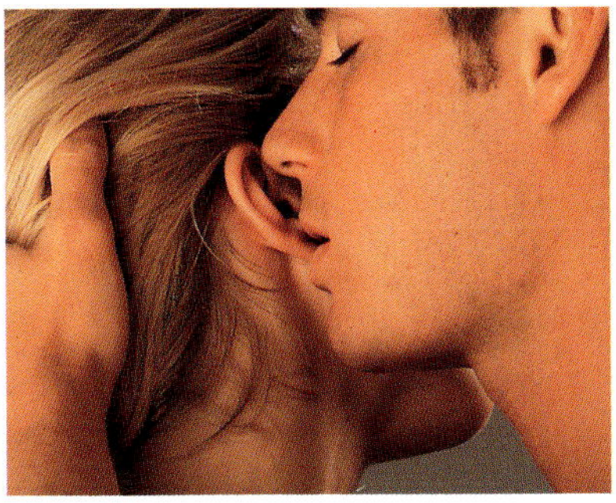

Links: Er streicht ihre Haare mit der Hand zur Seite und erforscht dabei, ob es ihr am angenehmsten ist, wenn er ihr Ohr küßt, leckt oder beißt.

Rechts: Eine spezielle Liebkosung am Hals macht sie wild, doch er merkt, daß die Berührung eher sanft statt fest sein muß, um den gewünschten Effekt zu erzielen.

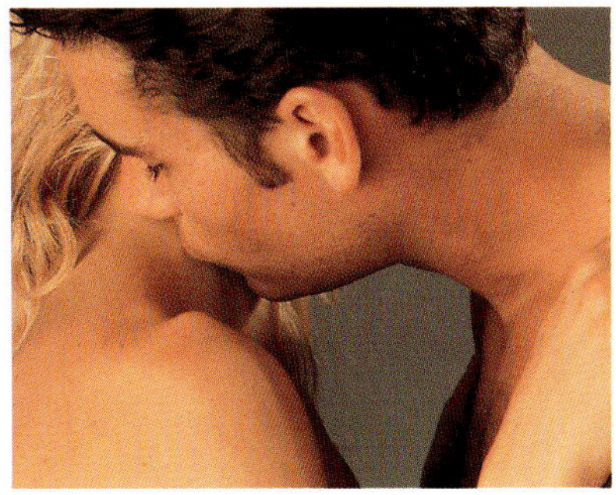

Rechts: Er untersucht, ob die Brustwarzen zu ihren erogenen Zonen gehören und, falls ja, wie sie auf seine Liebkosung reagieren.
Rechts außen: Manche Bereiche wie Armbeuge oder Kniekehle, die sonst kaum berührt werden, können höchst sensibel sein.
Links: Bevor sie gegenseitig ihre Körper erforschen, umarmen sie sich. Entspannt lehnt ihr Kopf an seiner Schulter – was ihr Wärme und Geborgenheit vermittelt –, und sie nimmt seinen Geruch und Geschmack wahr.

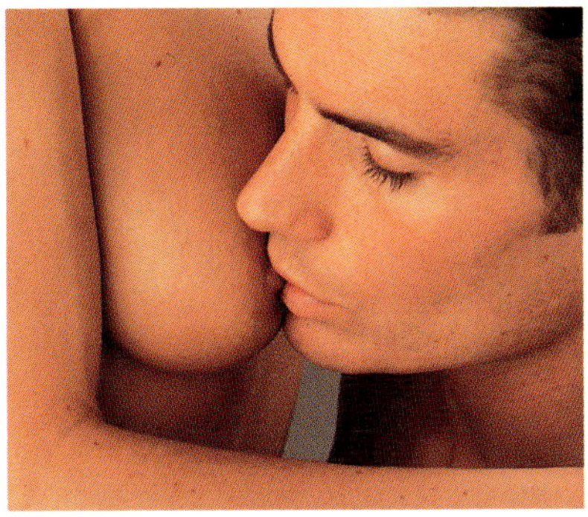

oder vier Stunden mit Ihrem Partner in einem warmen, behaglichen Zimmer mit einer festen Unterlage (Fußboden oder Bett), auf der sich einer von Ihnen ausstrecken und der andere sich frei bewegen kann. Mit gedämpfter Beleuchtung und leiser, entspannender Musik zaubern Sie nun eine eher sinnliche als sexuelle Atmosphäre. Reden Sie eine Weile leise miteinander. Seien Sie sich einfach nahe, wachsam mit Augen und Ohren. Und entkleiden Sie sich dann gegenseitig vorsichtig und liebevoll.

Einigen Sie sich im voraus auf etwaige Nein-Zonen. Damit die Reise wirklich erfolgreich wird, vereinbaren Sie, daß der Genitalbereich (Vagina und Penis) tabu ist. Kommen Sie auch überein – und das ist ganz wesentlich –, daß es nicht zum Geschlechtsverkehr kommt, solange nicht beide Gefühlsreisen stattgefunden haben und jeder von Ihnen dran war. Sonst fühlt sich einer betrogen.

Ein Partner legt sich hin, entspannt sich, konzentriert sich ganz auf sich und entdeckt im Laufe der nächsten halben Stunde, was sein oder ihr Körper fühlt. Ziel ist es, sich stärker als je zuvor bewußt zu werden, was gut und was nicht so gut ist, welche Gefühle auftreten: heiß oder kalt, verkrampft oder entspannt, feucht oder trocken, Prickeln oder Ruhe. Vielleicht möchte der Partner sich auch über persönliche Erinnerungen, Gedanken oder Gefühle, Bilder oder Geräusche klarwerden, die ihm in der Phase des Erregtwerdens einfallen.

Der andere Partner kann nun mit Berührungen beginnen. Dabei soll er nicht zum Sex verführen, sondern auf möglichst viele Arten möglichst viele schöne Gefühle schenken und so viele erogene Zonen wie möglich finden. Sie können bei den scheinbar unempfindlichsten Partien – Rücken, Waden, Oberschenkel, Füße, Arme und Hände – anfangen und bei Gesicht, Hals, Brust, Busen und Bauch weitermachen.

Die Bewegungen dürfen variieren. Widerstehen Sie der Versuchung, fest und gleichmäßig zu drücken; eine solche Massage wirkt entspannend, wo es doch bei dieser Reise um Erregung geht. Sprechen Sie also einfühlsam mit Fingern und Handflächen, Füßen und Wimpern; spielen Sie mit Mund und Zunge in allen Tonarten der Mundmelodie. Probieren Sie Federn, Massageöl, Pelz, Samt und dergleichen mehr.

Sehen, hören, fühlen Sie. Wie reagiert Ihr Partner? Was können Sie seinem Atem oder Gemurmel entnehmen? Wie fühlen sich Haut und Muskeln an, und was sagt Ihnen das? Hören Sie sofort auf, wenn etwas nicht schön ist; ist es gut, machen Sie eine Weile weiter und wenden sich dann etwas Neuem zu.

Besprechen Sie hinterher, wenn die Zeit um ist und ihr Partner aus seinem sinnlichen Rausch erwacht, was am besten war. Danach sind Sie an der Reihe.

Ihr Busen

Keine zwei Brüste gleichen sich je, selbst wenn sie derselben Frau gehören. Manche sind groß, andere klein; manche sind fest, andere weich. Die linke Brust ist seltsamerweise oft größer als die rechte. Manche Brustwarzen stehen permanent ab, einige sind immer nach innen geschlüpft; manche sind wie Himbeeren, andere klein und flach. Der Warzenvorhof kann klein und hübsch sein oder großflächig, dunkel wie Schokolade oder hell wie Erdbeereis. Manchmal ist er behaart, mitunter machen Narben aus der Brust eine Gebirgslandschaft.

In körpersprachlicher Hinsicht sind die Brüste eine Enzyklopädie der Gefühle einer Frau. Zuerst einmal hat sie eine Gefühlsbeziehung zu ihrem Busen, wobei diese vielleicht nicht nur positiver Natur ist. In der Meinung, er sei zu klein, zu groß, zu üppig oder zu schlaff, kaschiert sie den vermeintlichen körperlichen Nachteil durch Kleidung und entsprechende Bewegungen. Helfen Sie ihr in diesem Fall. Im Vertrauen des Augenblicks richtet sie sich vielleicht auf, reckt Schultern und Kopf und zeigt ihre Brüste; sagen Sie ihr dann, daß Sie das sehr freut.

Auch er wird Gefühle zur Brust hegen. Seine eigene kann sensibel und erregbar sein, besonders die Brustwarzen. Ihre können ihn faszinieren und erregen oder bei ihm Gefühle eines kindlichen Vertrauens auslösen. Wenn er ruhig und leidenschaftslos leckt und saugt, durchlebt er vielleicht frühe Erinnerungen und braucht nicht Sex, sondern einen Halt. Nimmt er von den Brüsten gar keine Notiz, dann bereiten sie ihm entweder keine Lust, oder er hatte mehrere Partnerinnen, die ihm das Berühren der Brüste nicht gestatteten. Machen Sie ihm Mut.

Wenn sie erregt werden, geschieht mit Ihren Brüsten fast sicher folgendes: Sie werden voller, roter, die Brustwarzen stellen sich auf und werden steif, die Vorhöfe schwellen aufgrund der stärkeren Durchblutung an. Diese Signale sind eindeutig; Ihr Körper reagiert. Der Mythos jedoch ist, daß diese Anzeichen immer Signale der Lust in der Brust selbst sind. Viele Frauen empfinden ungeheure Lust durch ihre Brüste, berichten von einer Woge der Erregung, intensiven Gefühlen an den Spitzen, einer direkten sinnlichen Verbindung zwischen Geschlechtsorganen und ihrem Busen. Andere wiederum spüren nichts; ihre erogenen Zonen liegen woanders.

Wie kann sie ihm zeigen, was ihre Brüste brauchen? Natürliche Kontaktbewegungen sind Drücken, Reiben, eine Körperdrehung, damit er die Brüste in der Hitze des Augenblicks nicht vergißt. Falls doch, bewegen Sie seine Hand (seinen Kopf, seinen Penis) sanft in die nötige Richtung.

Wie kann er ihren Brüsten geben, wonach sie verlangen? Wenn sie darauf keinen Wert legt, kann er das wahrscheinlich auch tun und sich statt dessen auf ihre anderen erogenen Zonen konzentrieren. Braucht Ihre Brust Zuwendung, seien Sie erfinderisch. Lernen Sie von ihrer Körpersprache. Lassen Sie sie Ihre Brust berühren. Jetzt legen Sie Ihre Finger auf ihre Hände und nehmen Frequenz, Druck und Rhythmus ihrer Bewegungen auf. Achten Sie darauf, ob sie bei Erregung ihre Brüste anfaßt, und versuchen Sie ihre Bewegungen nachzuahmen. Experimentieren Sie mit Mundmusik, Saugen und Lecken in verschiedenen Variationen; beißen Sie nur, wenn sie es mag. Merken Sie sich, daß eine Brustwarze, ganz wie ein Penis, manchmal Feuchtigkeit braucht, um zu reagieren.

Seien Sie vorsichtig, falls Ihr Partner eine andere Einstellung zu Brüsten hat als Sie. Er mag wild nach ihnen sein, während sie ihretwegen etwas unsicher ist; er sucht vielleicht Geborgenheit bei ihnen, während sie in ihnen reine Freudenspender sieht. Solchen Differenzen müssen Sie verständnisvoll begegnen: Die Brüste sind so kostbar, daß sie einfach starke Gefühle auslösen müssen.

PERSÖNLICHER TEST

Lassen Sie Ihre Partnerin diesen Satz anhand der folgenden Vorschläge auf ihre Weise ergänzen:
»Ich möchte, daß du meine Brüste... streichelst, neckst, mit den Fingern umkreist, massierst, leckst, anhauchst, an ihnen züngelst, saugst, knabberst..., und zwar mit Fingern, Mund, Zunge, Penis... sachte/fest, gleichmäßig/unregelmäßig, grob/sanft..., und wenn ich erregt werde, ändert sich das folgendermaßen...«

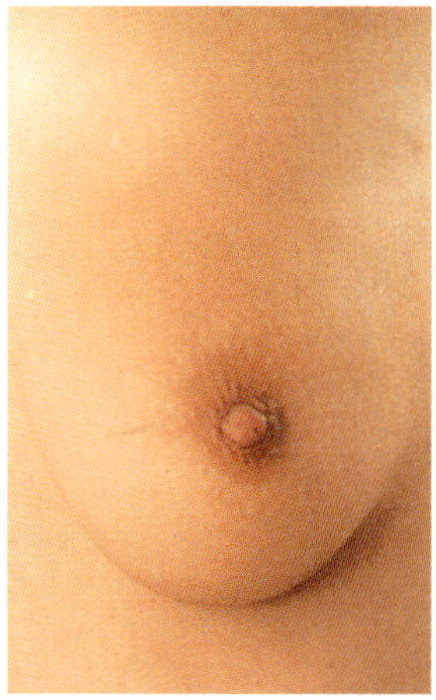

Oben: Die Brüste verändern sich von Tag zu Tag, von Woche zu Woche. Manchmal sind sie weich und geschmeidig, dann wieder hart, geschwollen und körnig. Kurz vor und während der Periode sind sie mitunter besonders fest und rund sowie ungewöhnlich empfindlich oder ausgesprochen sensibel.

Links: Unsicher bedeckt sie ihren Busen. Ihr gesenkter Blick und der ernste Mund unterstreichen die Bewegung. Bevor sie auch nur beginnen kann, sich wohl zu fühlen, braucht sie Liebkosungen und Zuspruch.

Ihre Geschlechtsorgane

Um die Sprache des Körpers wirklich zu verstehen, müssen wir mit den eigenen Geschlechtsorganen und denen unseres Partners vertraut sein: was sie sind, wie sie aussehen, wie sie funktionieren und wie sie sich uns mitteilen.

Bei der liebevollen Erforschung ihres Körpers darf er zuerst nur schauen und berühren, während sie sich mit Hilfe eines Spiegels ganz betrachten kann. Als Teil des Liebesspiels kann dies ein Gefühl des Staunens auslösen über etwas, das bis jetzt vielleicht eine Tabuzone war.

Als erstes werden Sie sehen, daß ihr Venushügel von Schamhaar bewachsen ist; dieses kann in der Farbe dem Kopfhaar gleichen, ist aber dicker, kürzer, lockiger und nicht so dicht. Hinter den großen Schamlippen liegen die kleinen verborgen, in vielen Farbnuancen, mit verschiedenen Geweben, die feucht glänzen können. Sie bemerken den Damm, der den Scheidenbereich vom After trennt, und den Scheideneingang. Vielleicht erkennen Sie noch die Ränder des Jungfernhäutchens; darüber befindet sich, falls sie nicht beschnitten ist, die Klitoris.

Nun beginnen Sie mit sanften Fingern ihren gesamten Genitalbereich zu erkunden. Merken Sie, daß sich große und kleine Schamlippen ganz unterschiedlich anfühlen? Spüren Sie, wie sich Feuchtigkeit und Wärme der Scheide bei Berührung ändern und wie sich die Vagina Ihrem Finger öffnet? Ertasten Sie die Kraft der Scheidenmuskeln, die unterschiedliche Gewebsstruktur der Scheidenwände und vielleicht sogar – wenn sie ein tiefes Eindringen des Fingers zuläßt – am Ende der Vagina den Muttermund, also den Eingang zur Gebärmutter. Untersuchen Sie auch, ob sie den schwer lokalisierbaren, ominösen G-Punkt besitzt, jene Stelle im vorderen Scheidenbereich, die angeblich besonders sensibel ist und beim Orgasmus »ejakuliert« und der Frau dabei die allerhöchsten Wonnen bescheren soll.

Dann streichen Sie über ihre Klitoris. Merken Sie, wie ähnlich sie dem Penis ist? Beide Organe entwickeln

Links: Ihre Gefühle werden intensiver, wenn sich seine Hände ihrem Genitalbereich nähern. Dies kann sie tief in der Vagina, direkt bis zum Zwerchfell hinauf und am Busen oder an den Oberschenkeln bis in die Kniekehlen hinab spüren. Hierbei tritt fast regelmäßig ein zentrales Gefühl tief im Körper, in der Klitoris oder sogar um den After herum auf. Und in all ihren erogenen Zonen – Lippen, Ohren, Hals, Innenseite der Ellbogen, Kniekehlen – ist eine Antwortreaktion möglich. Ihre Gefühle mag sie als warm und kitzelnd, weich und schmelzend oder heftig und ziehend beschreiben. Auf alle Fälle werden diese Empfindungen mit wachsender Erregung immer stärker.

PERSÖNLICHER TEST

Über diese Fragen möchte sie vielleicht allein nachdenken oder sie gemeinsam mit ihm besprechen. In jedem Fall werden die Antworten beiden helfen, ihre Körpersprache zu verstehen.

- Was fühlen Sie bei Erregung als erstes in Ihren Genitalien, und wo?
- Wie könnten Sie die Empfindungen beschreiben, und woran erinnern Sie diese?
- Denken Sie an irgendwelche Bilder oder Geräusche, wenn Ihre Genitalien erregt werden?
- Wie ändert sich dies, wenn sich das Verlangen steigert?

Unten: Das Wissen um die Struktur ihrer inneren Geschlechtsorgane hilft Ihnen zu verstehen, was bei den äußeren geschieht. Hinter den Schamlippen (Labien) liegen das Hymen und der Scheideneingang. Das Ende der Vagina bildet der Muttermund (Cervix), der Eingang zur Gebärmutter (Uterus). Ein Kind wird gezeugt, wenn eine männliche Spermie den Weg zu einem der Eierstöcke (Ovarien) hinauf findet und dort eine reife Eizelle befruchtet. Beim Liebesakt reagieren all diese Zonen erhöht empfindlich und erregt.

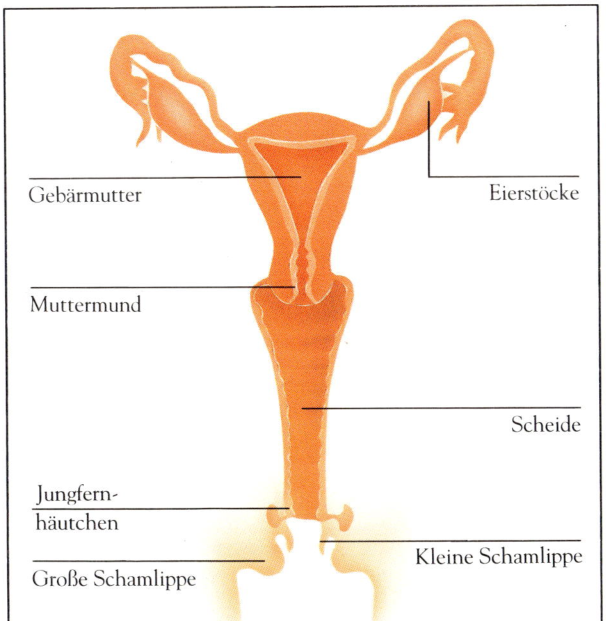

sich aus demselben Keimblatt, wenn bei der Zeugung das Geschlecht bestimmt wird; deshalb ist die Klitoris mindestens so sensibel und leicht erregbar wie ihr männliches Gegenstück. Schieben Sie, falls möglich, die vorhautartige Falte von der eichelförmigen Spitze zurück und streichen Sie mit dem Finger am Schaft entlang. Spüren sie den kleinen Muskelkamm unter der Hautoberfläche?

Untersuchen Sie die Beschaffenheit und Farbe ihrer Scheidenflüssigkeit und wie sie riecht und schmeckt. Manche Frauen haben nur wenig Feuchtigkeit, doch außer bei Krankheit oder Hormonstörungen sollte die Scheide stets etwas feucht sein. Beachten Sie, wie sich das im Laufe eines Monats ändert, wenn sie ihre Periode bekommt.

Was geschieht noch in ihrem Körper, wenn sie erregt wird? Die Gebärmutter vergrößert und hebt sich; dadurch weitet sich die Scheide, und die kleinen und großen Schamlippen werden auseinandergezogen. Sie füllen sich mit Blut, werden feucht und sensibler. Wenn dann das Verlangen in ihr hochsteigt, lernen Sie, diese Erregung von sich aus einzuschätzen und mit Hilfe der Sinne ihre Gefühle genau zu lesen. Denn es stimmt absolut nicht, daß Frauen, die ja keine deutliche Erektion haben, nur wenige Anzeichen der Erregung zeigen. Ihre Körpersprache ist subtiler als die eines Mannes, doch für einen liebevollen, erfahrenen Partner ebenso deutlich. Jede Frau sendet individuell andere Signale, doch die sind leicht erlernbar: Sie brauchen sich hierzu nur auf Ihre Augen, Zunge, Nase und Finger zu verlassen.

Schauen Sie, ob die Labien erröten, anschwellen und sich öffnen. Achten Sie auf ihren Intimgeruch, denn er signalisiert durch eine feine Änderung den Zwei-Stufen-Schritt von »unerregt« über »erregt« zu »orgasmusbereit«. Mit Streicheln können Sie ihre Klitoris zum Leben erwecken. Lassen Sie einen Finger spüren, wie sich ihre Vagina weitet, fleischig wird, verengt und dicht um ihn schließt. Ihre Erregung zeigt sich auch an der Scheidenflüssigkeit. Damit signalisiert ihr Körper einen weiteren Schritt in Richtung Sex, obwohl das allein noch nicht mit letzter Sicherheit bedeutet, daß sie nun auch die körperliche Vereinigung will.

All diese Signale sind vielleicht nicht gleich erkennbar. Es bedarf einiger Zeit und liebevoller Zuwendung, um ihre Geschlechtsorgane wirklich zu ergründen und insbesondere um herauszufinden, wann sie zum Liebesakt bereit sind.

Seine Geschlechtsorgane

Ihr mag es so vorkommen, als seien seine Genitalien ganz leicht zu erforschen. In Wirklichkeit erweisen sie sich als genauso kompliziert und fein wie ihre. Und in vielerlei Hinsicht sind sie, körperlich wie seelisch, sogar weit verletzlicher.

Wie schon bei ihr könnte die Erkundung Teil einer sinnlichen Reise über seinen Körper sein. Er mag vielleicht der Meinung sein, seinen Körper bereits gut zu kennen, doch Selbsterfahrung in einem liebevollen, sexuellen Kontext hat er möglicherweise noch nie erlebt.

Sein Penis in unerigiertem Zustand ist klein und vielleicht etwas schrumpelig. Er ist, ihrer Klitoris vergleichbar, veränderlich in Form, Größe und Farbe. Wie bei ihr ist die Haut unterschiedlich schattiert und strukturiert; die kegelförmige Eichel ist glatt und glänzend und an ihrer Basis von dem wulstigen Eichelkranz umsäumt.

Die Beschneidung – die Entfernung der Vorhaut – ist eines der ältesten Rituale der Menschheit. Damit wird verhindert, daß sich unter der Vorhaut Schmutz ansammelt. Manche glauben, daß die Beschneidung seine Erregungsfähigkeit erhöht und den Orgasmus hinauszögert. Andere sagen, es mache keinen Unterschied, da die Vorhaut beim Geschlechtsverkehr ohnehin zurückgezogen ist.

Unter dem Penis hängen zwischen den Beinen die Hoden, das Gegenstück zu ihren Eierstöcken. Häufig ist einer der Hoden kleiner, tiefer plaziert als der andere oder zieht sich schon mal in den warmen Schutz des Körpers zurück. Dahinter liegt der Schließmuskel des Afters, der oft ebenfalls berührungsempfindlich ist und bei Erregung Lustgefühle bereiten kann.

Nach der Erkundung durch die Augen sind jetzt die Finger dran. Wie fühlen sich Vorhaut und Hodensack an? Beobachten Sie, wie der Penis zu wachsen beginnt und steif wird. Wenn er sich mit Blut füllt, verhindert die Kontraktion der umgebenden Muskeln den Rückfluß des Blutes, und das schlaffe Glied richtet sich auf. Auch jetzt gibt es Größenunterschiede, und ein erigierter Penis kann dick, dünn, lang, kurz oder sogar leicht gekrümmt sein.

Die enormen Veränderungen, die eine Erektion bewirkt, sind fühl- und sichtbar: Das Glied wird hart, kräftig und größer. Betrachten Sie, wie sich die Hoden

Rechts: Für ihn kann die Erektion das allererste Gefühl sein, das ihm die eigene Lust und Erregung voll bewußt macht. Zwar kann er sich am ganzen Körper warm und behaglich fühlen, doch am stärksten ist das Gefühl wahrscheinlich an der Penisspitze oder auch in den Hoden. Manche Männer sind sich ständig genau über den Zustand ihrer Erektion im klaren; sie wirkt sich auf ihre sexuelle Aktivität aus und umgekehrt. Ebenso ist er bei entsprechender Reizung oft fähig, den Anforderungen seiner eigenen Lust rasch und problemlos gerecht zu werden.

PERSÖNLICHER TEST

Über diese Fragen möchte er vielleicht allein nachdenken oder sie gemeinsam mit ihr besprechen.

- Was fühlen Sie bei Erregung als erstes in Ihren Genitalien, und wo?
- Wie könnten Sie die Empfindungen beschreiben, und woran erinnern Sie diese?
- Denken Sie an irgendwelche Bilder oder Geräusche, wenn Ihre Genitalien erregt werden?
- Wie ändert sich dies, wenn sich das Verlangen steigert?

Unten: Das Ende des Penis bildet die Eichel (Glans) mit ihrem wulstigen Kranz (Corona) und der – eventuell beschnittenen – Vorhaut (Präputium). Im Innern des Glieds (Penis) verläuft die Harnröhre (Urethra), die in die Penisspitze mündet. Die Hoden (Testikel) ruhen im Hodensack (Scrotum); der Samenleiter (Vas deferens) transportiert das Sperma von den Hoden zum Penis.

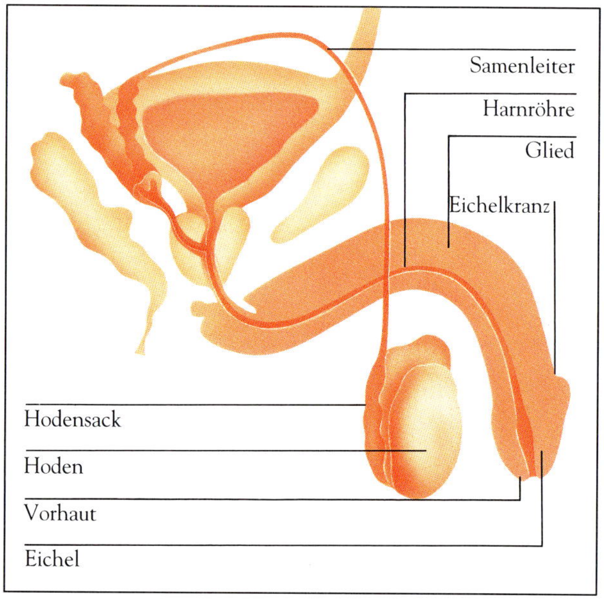

durch die Muskelkontraktion enger an den Körper schmiegen, wie sich die Vorhaut langsam zurückzieht und die sensible Eichel zum Vorschein kommt.

Wie ändert sich die Farbe seines Penis, wenn er steif wird? Wie bewegen sich die Hoden? Betrachten Sie die hervorstehenden Adern am Penisschaft und zeichnen Sie ihren Verlauf mit einem Finger nach. Fühlen, riechen und schmecken Sie den kleinen »Sehnsuchtstropfen«, der am Eichelschlitz hervortreten kann.

All diese Signale sind im Gegensatz zu den verborgenen Geheimnissen der Vagina klar und unmißverständlich. Daher auch der Mythos, daß eine Erektion etwas Simples ist und weder Feingefühl noch liebevolle Zuwendung braucht. Die erfahrene Liebhaberin weiß es besser. Denn wenn ihre Verletzlichkeit darin liegt, daß sich ihre Erregung nicht solchermaßen offenbart, so ist seine damit begründet, daß seine Lust (oder ihr Fehlen) deutlich genug zutage tritt. So kann er sich sorgen, daß sein Glied nicht hart genug ist, in der Annahme, nur eine stramme Erektion vermag Befriedigung zu schenken. Es gibt eine Antwort. Indem Sie sich mit den subtilen Signalen seiner Genitalien vertraut machen, können Sie beide lernen, sich genau auf den jeweiligen Zustand seiner Erektion einzustellen. Durch den liebevollen Umgang mit der Körpersprache werden Sie beide gute Partner, selbst wenn er mal an seiner Potenz zweifelt. Aber begehen Sie nicht den Fehler, sich auf Kosten aller übrigen Dinge nur auf seine Erektion zu konzentrieren. Denken Sie auch daran, seinen Genitalien liebevolle Aufmerksamkeit zu schenken, selbst wenn sie nicht direkt erregt sind. Männer konzentrieren sich wohl mehr als Frauen auf ihre Geschlechtsorgane als Quell der Lust, halten jene aber oft nur in Verbindung mit einer Erektion für möglich. Dann muß sie ihn ab und zu daran erinnern, daß sie seine Genitalien auch lieben kann, wenn sie nicht in Aktion sind.

KAPITEL DREI

LIEBE BEWUSST LEBEN

Wir sind nun bereit, den Gipfel unserer körperlichen Beziehung zu erreichen. Indem wir einander genug vertrauen, um physisch, aber auch seelisch und gefühlsmäßig eins zu werden, tun wir den letzten Schritt zu wirklicher Intimität.

Ohne die hilfreiche Körpersprache fühlen wir bei diesem letzten Schritt manchmal die größte Distanz zum Partner. Vielleicht sehen wir uns außerstande, seine Wünsche zu erkennen oder ihm unsere mitzuteilen. Das Fehlen echter Kommunikation kann Liebemachen zur einsamsten Sache der Welt werden lassen. Wenn wir nie gelernt haben, eigene Bedürfnisse zu äußern oder Signale des Partners zu lesen, kann es uns passieren, daß wir nur die eigene Lust suchen. Daher ist in dieser Phase ein umfassendes Wissen über die Körpersprache wichtiger denn je, denn so können wir durch die Bewegungen der Liebe miteinander in vollkommenen Kontakt treten und jede Nuance ganz bewußt erleben.

So beginnt unser Liebesspiel. Möglicherweise vertrauen wir dem Partner so weit und zeigen ihm, wie wir uns selbst stimulieren; danach lernen wir, ihm mit Hand oder Mund Lust zu schenken. Dann gehen wir vielleicht zum eigentlichen Geschlechtsverkehr über und lernen im Reigen des Liebesakts, wie wir uns gern bewegen, und die Stellungen, die wir bevorzugen, um höchste Wonnen zu erleben. Wir gelangen zum Orgasmus, und wenn er kommt, verschmelzen wir noch enger miteinander. Danach lernen wir uns gemeinsam in einer Weise zu entspannen, die unsere Vertrautheit vertieft. Mit jeder Berührung, Empfindung, Bewegung und Reaktion erfahren wir mehr voneinander und bauen so unsere Liebe auf.

Sich liebevoll umarmend, kommuniziert dieses Paar voll auf allen Ebenen. Ihr friedlicher Gesichtsausdruck und die geschlossenen Augen zeigen, daß sie sich ganz auf das konzentriert, was sie fühlt, während ihre Finger über seine Rückenmuskeln und Taille wandern. Seine Hände geben ihr unterdessen Wärme und Geborgenheit, und sein Körper berührt ihren von oben bis unten. Sie atmen gemeinsam, riechen und schmecken den Partner und stimmen sich so auf die Vereinigung ein.

Das Timing

Rechts: Die Erregungszeiten (1) sind verschieden, bevor die Erektion seines Penis (2) und ihrer Klitoris den Beginn der Bewegungen zum Orgasmus (3) signalisiert, gefolgt von Entspannung (4). *Ganz rechts:* Die durchgezogene Linie veranschaulicht, daß sie enttäuscht sein kann (5), wenn er vorzeitig zum Höhepunkt kommt.

Die Phasen der körperlichen Liebe erfährt jeder für sich auf andere Weise. Der Körper reagiert langsam oder schnell, der Verstand stürmt vorwärts oder zögert. Wir durchleben jede Stufe – Vorspiel, Erektion, »Punkt ohne Umkehr«, Orgasmus – verschieden schnell und mit unterschiedlicher Leidenschaft.

Sie läßt es gern gemächlicher angehen; ja, der Vorgang kann schon viele Stunden vor dem eigentlichen Geschlechtsakt beginnen, wenn sie sich über Augen und Ohren, Berührung und Geruch ihrer sinnlichen und geschlechtlichen Erregung bewußt wird. Sie widmet sich dann in einem langen, erotischen Vorspiel ausgiebig und sinnlich dem Körper ihres Partners, spürt seine Nähe und nimmt ihn auf allen Ebenen wahr. Sie wird mit Sicherheit intensiv an der Klitoris, den Brüsten, Pobacken und anderen erogenen Zonen liebkost werden wollen. Wenn es zur Penetration kommt, kann das bewirken, daß ihre Erregung abflaut und sie erst wieder stimuliert werden muß, um zum Höhepunkt zu gelangen. Dann aber kann sie auch mehrere Orgasmen hintereinander haben, was ihre Liebesfähigkeit nicht beeinträchtigt. Häufig kann sie über Stunden hinweg erregt bleiben.

Bei ihm sieht das mitunter anders aus. Seine Erektion befähigt ihn, jetzt »zur Sache zu kommen«; jede weitere Stimulation mag für ihn angenehm sein, doch braucht er sie kaum – und ist er einmal erregt, kann er sogleich auf den Orgasmus zusteuern. In der Vagina, der Hand oder dem Mund verspürt er das drängende Verlangen, sich zu bewegen, zu stoßen, dem Orgasmus entgegenzusteuern. Oft schafft er dies innerhalb weniger Minuten und muß sich bewußt zurückhalten, um nicht viel zu früh zu kommen. Hat er den »Punkt ohne Umkehr« überschritten, signalisiert sein Orgasmus ein spontanes Bedürfnis nach Entspannung. Manchmal braucht er dann Stunden, um erneut erregt zu werden.

Seine typische Erregungskurve

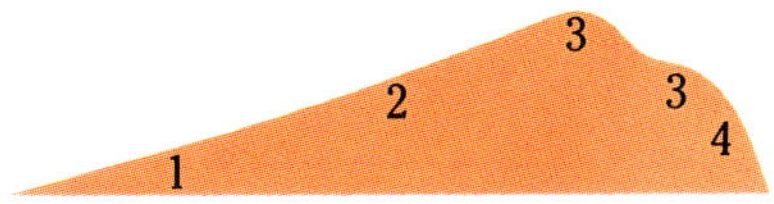

Ihre typische Erregungskurve

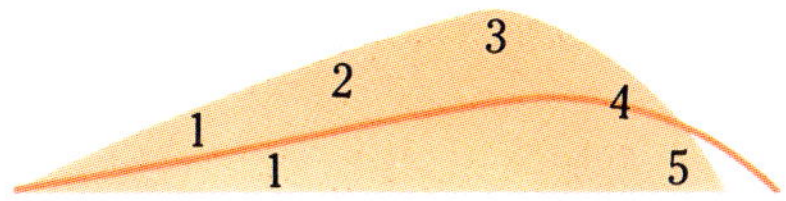

Oft verlaufen die Kurven unharmonisch

Wie können wir nun diese sehr verschiedenen Abläufe angleichen? Das Problem besteht darin, daß der Mann, der von Natur aus den kürzeren Zyklus hat, im Bett oft auch die Führung übernimmt. Da kann es passieren, daß sie sich auf halbem Weg zum Orgasmus verlassen und frustriert fühlt, weil er schon »fertig« ist. Und während es so scheinen mag, daß sie ihn zurückhält, muß er sich vielleicht bemühen, seine Erregung zu zügeln.

Einfach leicht zum Orgasmus zu kommen oder ihn hinauszuzögern, ist nicht die Antwort: Es geht nicht um den Orgasmus allein, sondern um die Physiologie der körperlichen Liebe insgesamt. Mit Hilfe der Körpersprache sind wir imstande, all die Botschaften, die wir jetzt kennen – optische und akustische Signale, Feuchtigkeit, Geruch und Geschmack –, zu bewerten und die Erregung unseres Partners einzuschätzen. Wir können unseren sexuellen Code verfeinern, um eindeutig klarzumachen, was wir wollen, wenn wir es wollen. Mit diesem Wissen können wir in jeder Phase verweilen und, wenn wir beide mögen, zur nächsten übergehen. Wir vermögen unsere Erregungskurven, Bewegungen und Reaktionen zu synchronisieren, so daß uns beiden stets das zuteil wird, wonach wir uns sehnen.

Oben: Diese Graphik zeigt, daß durch Hinauszögern seiner (1 und 2, gestrichelte Linie) und ihrer (1 und 2, durchgezogene Linie) Erregungs- und Erektionsphase ihr letzter Orgasmus mit seinem Höhepunkt (3) zusammenfallen kann vor der Entspannung (4).

PERSÖNLICHER TEST

Zeichnen Sie nach obigem Beispiel ein Diagramm Ihres sexuellen Timings. Lassen Sie Ihren Partner das gleiche tun. Dann vergleichen Sie. Wo sind Differenzen? Wie könnten Sie sich diese mitteilen und sie, wenn Sie sich das nächstemal lieben, vermeiden?

Voneinander lernen

Wenn wir wirklich daran interessiert sind, daß unser Partner weiß, was uns guttut, dann bietet sich gerade in dieser Hinsicht eine einfache Möglichkeit: Wir führen es ihm im wahrsten Sinn des Wortes vor Augen.

Am Anfang möchten wir uns vielleicht erst wechselseitig unsere Ängste oder Sorgen anvertrauen. Die körperliche Liebe ist etwas so Beglückendes, daß es furchtbar sein kann, wenn der Partner unsere Leidenschaft nicht aktiv miterlebt, sondern nur zusieht; reden Sie also miteinander. Wenn Sie befürchten, daß Ihre Art der Selbstbefriedigung Ihrem Partner fremd vorkommen wird, sagen Sie es. Ist Ihr Partner besorgt, Sie könnten mehr masturbieren wollen, als Sex mit ihm zu haben, dann beruhigen Sie ihn. Vereinbaren Sie im voraus, daß jeder von Ihnen sich so lange stimulieren darf, wie er will – und jederzeit aufhören kann, sollte Peinlichkeit entstehen oder die Erregung nachlassen. Vielleicht wollen Sie sogar im Dunkeln anfangen und sich erst allmählich, wenn Sie Ihre anfänglichen Hemmungen abgelegt haben, bei Licht betrachten.

Und dann genießen Sie. Sie sind am Zug und können alles ganz nach Wunsch gestalten. Arrangieren Sie die Umgebung, wie es Ihnen gefällt, damit Sie so liegen, sitzen oder sogar stehen, wie es für Sie richtig ist. Nehmen Sie Kissen, Öl oder jedes andere Hilfsmittel, das Sie brauchen, hinzu. Bitten Sie Ihren Partner, sich in Ihrer Nähe hinzusetzen oder zu legen. Tauschen Sie, wenn Sie wollen, Berührungen und Küsse aus und lassen sich dann von Ihrem Partner erregen, bis Sie bereit sind, sich nach innen zu konzentrieren und selbst Lust zu bereiten.

Ist der Moment da, seien Sie locker. Erwarten Sie kein spontanes Wohlgefühl; vielleicht hilft es, wenn Sie erst ein wenig verlegen kichern, bevor Sie es angenehm finden, daß Ihr Partner zusieht. Wenn die Erregung in Ihnen hochsteigt, konzentrieren Sie sich darauf. Richten Sie Ihre ganze Aufmerksamkeit jetzt nach innen, nicht auf Ihren Partner. Schenken Sie sich mit Reiben, Streicheln, Innehalten und Weitermachen auf Ihre spezielle Art vollkommene Lust, bis Sie wunschlos glücklich und bereit sind, aufzuhören. Dann holen Sie sich von Ihrem Partner, wonach Ihnen in der Spontaneität des Augenblicks ist: Dies kann Kuscheln sein; mehr Küsse; Hilfe, zum Orgasmus zu kommen; Geschlechtsverkehr oder einfach etwas Zeit, still nebeneinanderzuliegen.

Als Zuschauer haben Sie eine Doppelrolle. Sie sind für Ihren Partner da und helfen ihm bei Bedarf. Doch Sie lernen auch – nämlich unmittelbar, wie Sie Ihrem Partner in einer Weise Lust schenken können, die er oder sie vielleicht noch nie erlebt hat, weil sich womöglich niemand bisher die Mühe gemacht hat, seine beziehungsweise ihre intime Körpersprache zu erlernen. Hier, ohne andere Ablenkung, können Sie einfach ganz Auge und Ohr sein und jedes Signal registrieren, mit dem Ihr Partner zeigt, was er gern hat und was für ihn am lustvollsten ist.

Wenn Ihr Partner sich zu masturbieren anschickt, achten Sie besonders darauf, wie er dabei vorgeht. Nimmt er oder sie eine Unterlage, um den Körper oder das Becken anzuheben? Will Ihr Partner sitzen, stehen oder liegen? Auf dem Rücken oder auf dem Bauch? Achten Sie darauf, wie die Berührung erfolgt: mit der Hand; durch Zusammendrücken der Schenkel; mit einem Kissen; dringt ein Finger in die Vagina oder den After ein, oder streichelt die andere Hand die Hoden? Und wo genau will Ihr Partner berührt werden: an der Penisspitze, in den Tiefen der Vagina, am Schaft der Klitoris? Bitten Sie eventuell Ihren Partner, die Position seiner oder ihrer Finger zu ertasten, um es herauszufinden. Liebt er es, seine Vorhaut zurückzuziehen, und auf welche Weise macht er das? Spreizt sie ihre Schamlippen, oder schiebt sie die Hautfalte über der Klitoris hoch?

Konzentrieren Sie sich auch darauf, wie sich Ihr Partner bewegt: mit welchem Druck, wie schnell und vor allem mit welchen Variationen? Macht er »Stop-and-Go«? Bremst sie sich? Hebt und senkt er das Becken? Läßt sie ihre Finger vor- und zurückgleiten? Mit welchem Tempo?

Lauschen Sie beim Zuschauen den Geräuschen, Worten, Lauten und dem Atem, anhand derer Sie erkennen, wann die Erregung steigt oder pausiert. Was sagen uns solche Geräusche darüber, ob der Rhythmus stimmt, ja sogar die Stimmung zur Stimulation die passende ist?

Es ist wichtig, daß Sie hinterher zusammen darüber

PERSÖNLICHER TEST

Überlegen Sie, vielleicht gemeinsam mit Ihrem Partner, was Ihnen bei der Selbstbefriedigung wirklich gefällt.

- Welche Position müssen Sie dazu einnehmen?
- Brauchen Sie irgendwelche Hilfsmittel?
- Womit berühren Sie sich: Mit Händen, Fingern, etwas anderem?
- Mit welcher Bewegung, welchem Druck, Tempo, Rhythmus?
- Und mit welchen Variationen jeweils?
- Wie feucht müssen Sie sein?
- Versuchen Sie jetzt, diese Fragen für Ihren Partner zu beantworten.

reden. Teilen Sie Ihre Freude über Ihre Gefühle und Eindrücke, während Ihr Partner masturbierte, und besprechen Sie auch, was Sie erlebten. Versichern Sie sich gegenseitig, daß weder sie beim Orgasmus noch er beim Masturbieren dumm aussah. Experimentieren Sie, indem Sie einander zeigen, wie Sie am liebsten berührt, bewegt, geführt werden wollen. Fragen Sie, machen Sie Vorschläge; prüfen Sie, ob das, was beim Masturbieren guttut, auch für den Geschlechtsverkehr gilt. Vor allem lernen Sie, wie das, was für einen schön ist, auch zwei Personen Vergnügen bereiten kann.

Sich entspannt zu fühlen, wenn der Partner beim Masturbieren zusieht, kann schwierig sein; oft glauben wir, unsere Lust sei unwichtig und daß wir schnell wieder »richtig« Liebe machen sollten. Beim Zusehen erfährt Ihr Partner jedoch nicht nur, wie Sie geliebt werden wollen; es kann auch eine erregende Erfahrung sein.

Er verwöhnt sie

Die Partnerin zu befriedigen, verlangt Wissen und Fertigkeiten in der Körpersprache. Denken Sie dabei zunächst an das, was Sie lernten, als Sie ihre Genitalien erforschten und ihr beim Masturbieren zusahen. Erinnern Sie sich an ihre hart werdende Klitoris; die Feuchtigkeit ihrer Scheide; den Ausdruck von Leidenschaft in ihrem Gesicht; die Geräuschcodes, die ihren nahenden Orgasmus ankündigten; das erstrebte Bewegungs- und Rhythmusmuster, das sie Ihnen beibrachte.

Sodann kommt jenes Wissen ins Spiel, das man nicht durch Zuschauen, sondern nur durch Handeln erwirbt. Greifen Sie bei Ihrer Stimulation auf Ihre ganze Erfahrung zurück, damit Sie sicher sein können, daß sie es angenehm empfindet; vergewissern Sie sich jedoch ständig, ob Ihre Liebkosungen gut sind. Bei Erregung von Hand können Sie sie anblicken und feststellen, wie sich ihr Gesichtsausdruck verändert, der Bauch spannt oder das Gesicht rötet; bei oraler Stimulation können Sie ihre Reaktionen schmecken und riechen. Lassen Sie sich von ihren Lauten und Atemgeräuschen

Links: Sie genießt es, daß er ihr seine ganze Aufmerksamkeit widmet und alles daransetzt, ihre Wünsche zu befriedigen. Mit geschlossenen Augen driftet sie in eine innere Sphäre voll eigener Bilder, Erinnerungen, Klänge und Gefühle. Ihre Hände sind bereit, zu ihren bereits erregten Brüsten zu wandern, wenn sie weitere Stimulation braucht.

PERSÖNLICHER TEST

Was lieben Sie wirklich, wenn Ihr Partner Sie stimuliert, und wie ändert sich das, je nachdem, ob er dazu die Hand, den Mund, den Penis oder einen anderen Körperteil nimmt?

- Welche Position müssen Sie dazu einnehmen?
- Welche Bewegung, welches Tempo? Welcher Druck, welcher Rhythmus?
- Mit welchen Variationen jeweils?
- Wie feucht müssen Sie sein?
- Was brauchen Sie oder gefällt Ihnen sonst noch, wenn er Sie masturbiert?
- Wie ändern sich Ihre Wünsche während der Erregung?
- Wie unterscheidet sich das, was Sie bei Ihrem Partner mögen, von Ihrer bevorzugten Art des Onanierens?

Unten: Mit ihrer Hand auf seiner kann sie ihn führen und sowohl den Druck seiner Finger als auch Tempo und Rhythmus seiner Bewegungen steuern. Dadurch wirkt sie intensiv an der Steuerung ihrer eigenen Empfindungen mit. Sie kann ihn stoppen, wenn sie den »Punkt ohne Umkehr« erreicht, und ihn weitermachen lassen, wenn die Erregung nachläßt, um sich so für lange Zeit an dieser Schwelle zu halten.

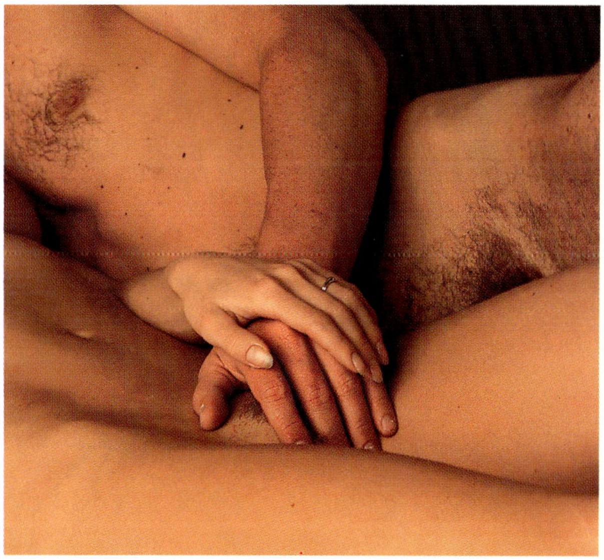

leiten. Vielleicht spüren Sie auch die Reaktion ihrer Klitoris und wie die Vagina Ihren Finger umschließt.

Prüfen Sie zuerst, ob ihr Körper signalisiert, daß sie sich wohl und entspannt fühlt und innerlich bereit ist; fühlt sie sich jedoch unbehaglich, so nehmen Sie mit ihr gemeinsam die richtige Lage ein. Könnten Sie, indem Sie auf eine bestimmte Art ihre Brust berühren, ihr übers Haar streichen, ihre Hand halten oder sich über sie beugen, ihr die zusätzliche Erregung verschaffen, die sie braucht?

Nun fangen Sie mit Berührungen an. Wenn Sie die Hand dazu benutzen, probieren Sie es mit der ganzen Handfläche oder einzelnen Fingern. Zeichnen Sie die Bewegungen nach, die Sie beobachten konnten, als sie masturbierte. Mit der Zunge könnten Sie versuchen, ihre Zungenspiele beim Küssen zu imitieren. Achten Sie in beiden Fällen im Zusammenhang mit ihrer Reaktion auf diese Liebkosungen auf ihre Beckenbewegungen. Vergessen Sie außerdem nicht, daß ihre Bedürfnisse sich von Tag zu Tag, von Stunde zu Stunde ändern können; es wird also ein Weilchen dauern, bis Sie alle ihre Vorlieben kennen.

Wenn sie jetzt auf einmal oder allmählich ruhig wird oder still ist, läßt vielleicht ihre Erregung nach. Um sie dann erneut in Stimmung zu bringen, fangen Sie noch mal bei einer frühen Phase wie Schmusen oder Küssen an oder mit jenen Berührungen, von denen Sie wissen, daß sie »ankamen«.

Experimentieren Sie mit verschiedenen Streichelarten und -mustern; lassen Sie abwechselnd flinke und langsame Finger und eine bald weiche, bald feste Zunge sprechen. Streichen Sie von der Klitoris zu den Schamlippen, zur Vagina und wieder zurück. Falls sie es nicht trocken vorzieht, sorgen Sie ständig für neue Feuchtigkeit, indem Sie einen Finger in der Scheide anfeuchten und sie damit einreiben, oder lecken Sie sie selbst feucht. Erinnern Sie sich an ihren speziellen Rhythmus; Sie dürfen ruhig erwarten, daß sie Ihnen hilft, bis Sie es richtig machen. Mag sie lieber festen, steten Druck oder zärtliche, unrhythmische Bewegungen? Machen Sie »Stop-and-Go«, falls sie Ihnen das gezeigt hat, doch Sie werden wohl feststellen, daß es meist besser ist, in einen gleichmäßigen, schweren Rhythmus zu fallen, wenn sie dem Höhepunkt zustrebt. Sobald Sie spüren, daß ihr Orgasmus kommt, streicheln Sie zärtlich ihren ganzen Körper und hauchen ihr Liebesworte ins Ohr.

Lust für ihn

Lassen Sie sich nicht von vorgefaßten Ansichten verwirren, wenn Sie ihm Lust schenken. Er wünscht vielleicht gar nicht ständig eine feste Behandlung oder ausschließlich auf den Penis konzentrierte Liebkosungen; vielmehr könnte er sanft gestreichelt, zärtlich geküßt oder liebevoll geleckt werden wollen. Es gibt da keine Regeln.

Und weil das nun mal Tatsache ist, müssen Sie intuitiv vorgehen und seine Körpersprache verstehen. Inzwischen wissen Sie, wie er bei Erregung aussieht, wie sich seine Stimme ändert und sein Körper anfühlt, wenn er im Rausch der Leidenschaft versinkt. Lernen Sie nun bei ihm Erektionsgrade, geringste Veränderungen der Hautfarbe und kleinste Atemschwankungen zu unterscheiden. Lassen Sie ihn sagen, wann das, was Sie machen, gut ist, und wann es besser sein könnte.

Eine Handbewegung, ein Rucken seines Körpers sagt Ihnen, daß Sie sich um seinen Penis kümmern möchten. Vielleicht dirigiert er Ihren Kopf nach unten, oder Sie erkennen an seiner Passivität, wann er lieber Nehmer als Geber sein will. Der entspannte Seufzer, wenn Sie seinen Körper hinabgleiten, bestätigt die Richtigkeit Ihrer Vermutung.

Ab da haben Sie eine Hilfe, ein eindeutiges Signal seines genauen Erregungszustandes. Sein steifes Glied präsentiert sich in verschiedenen Erektionswinkeln, anhand derer Sie genau erkennen können, was Sie als nächstes tun sollten.

Vom Zusehen wissen Sie ja, wie er seinen Penis anfaßt; probieren Sie ruhig Neues aus, denn Sie können jederzeit zur Lieblingsbehandlung zurückkehren. Schieben Sie die Vorhaut zurück, wenn er das mag; dann bewegen Sie die Hand hingebungsvoll auf und ab. Knabbern Sie zärtlich mit den Lippen an seinem Penis, nehmen Sie ihn auch mal ganz in den Mund; streichen Sie mit einem Finger und dem Daumen am Eichelkranz entlang; legen Sie eine Hand auf seine Hoden; verwöhnen Sie ihn mit einer oder beiden Händen oder auch mal nur mit festen Lippen; nehmen Sie seinen Penis zwischen Ihre Brüste oder dorthin, wo er es gern hat. Achten Sie in jeder Phase auf seine Reaktionen.

Experimentieren Sie wie immer mit Tempo, Druck, Rhythmus und Bewegung. Variieren Sie die Geschwindigkeit: langsamer, schneller, lassen Sie ihn warten. Fahren Sie mit Händen oder Fingern auf und nieder und ändern Sie den Druck, wenn sie den Eichelwulst passieren. Reiben Sie mit angefeuchteter Handfläche über die Eichel. Sie können heftig oder zärtlich saugen, wie an einem Lolli lutschen, die Eichel umzüngeln, am Penisschaft oder am empfindlichen Eichelbändchen lecken, einen Hoden in den Mund nehmen. Probieren Sie alles aus und registrieren Sie mit sämtlichen Sinnen, was ihm guttut.

Der ganze sinnlich gedehnte Körper, seine völlige Entspannung oder sein Sträuben verraten Ihnen, ob Weitermachen oder Aufhören ratsam ist. Zuckt er auch nur leicht zurück, seien Sie behutsam; nicht alle Män-

PERSÖNLICHER TEST

Was mögen Sie wirklich, wenn Ihre Partnerin Sie stimuliert, und wie ändert sich das, abhängig davon, mit welchem Körperteil sie es tut?

- Welche Position müssen Sie dazu einnehmen?
- Muß die Vorhaut zurückgezogen sein oder nicht?
- Welche Bewegung, welches Tempo? Welcher Druck, welcher Rhythmus?
- Was brauchen und mögen Sie sonst noch?
- Wie unterscheidet sich das, was Sie bei Ihrer Partnerin mögen, von Ihrer bevorzugten Form der Selbstbefriedigung?

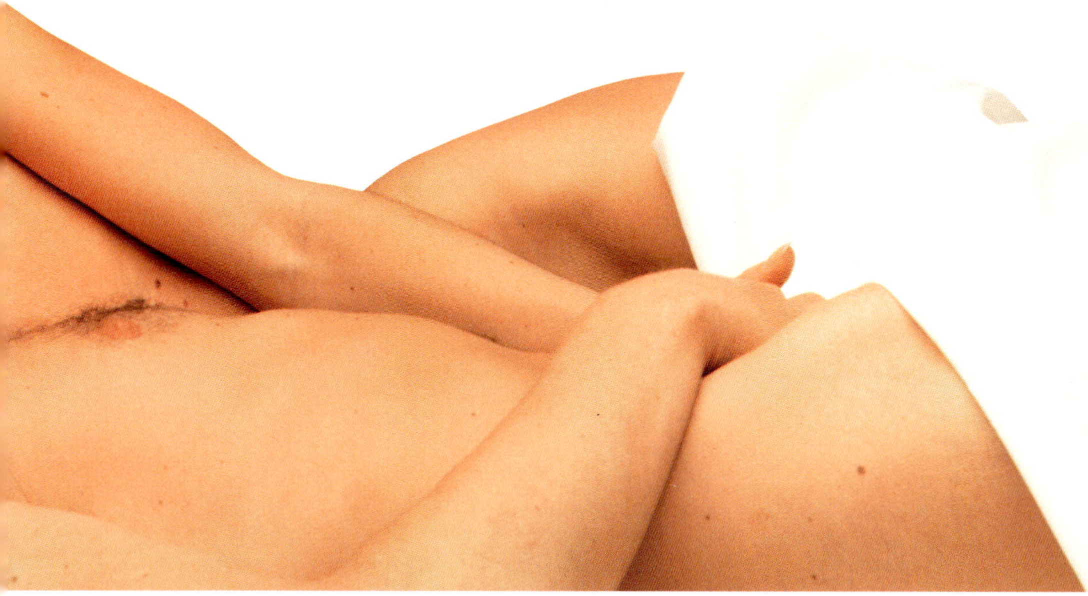

ner lieben es deftig. Reagiert er eindeutig und direkt, intensivieren Sie Ihre Liebkosung, um Ihre Liebesenergie seiner anzugleichen. Liegt er still da und stöhnt bloß, machen Sie weiter.

Lernen Sie natürlich auch von seinem Penis, der jetzt in voll erigiertem Zustand eine typische, dunklere Färbung und deutlich hervortretende Adern zeigt. Bei liebevoller Behandlung spüren Sie eventuell winzige Mengen Vorflüssigkeit im Glied aufsteigen, vielleicht auch einen anderen Geruch oder Geschmack, sobald diese austritt. Als Reaktion darauf können sich seine Hoden zusammenziehen und ausdehnen; sie signalisieren so bei jeder Berührung, wie gern sie verwöhnt werden.

Vernachlässigen Sie auch nicht seinen übrigen Körper. Vielleicht wollen seine Brustwarzen liebkost oder seine Pobacken gestreichelt werden. Möglicherweise kann er das nicht selbst tun; stellen Sie also den Hautkontakt mit ihm her. Reiben Sie Ihren Körper an seinem, tauschen Sie Feuchtigkeit aus und erfahren Sie seine Körperspannung. Küssen Sie ihn auf den Mund, wenn Ihre Hand ihren Rhythmus gefunden hat.

Wenn er dem Orgasmus zustrebt, begleiten Sie ihn mit Händen, Mund und Ihrem ganzen Körper. Finden Sie die richtigen Bewegungen und Geräusche, um ihm lustvoll nahe zu sein auf dem Weg zum Höhepunkt.

Oben: Er führt ihre Hand abwärts, dorthin, wo sie ihn intim berühren soll, dann entspannt er sich und überläßt ihr alles Weitere. Sie beugt sich zum Kuß über ihn und verhilft dabei sanft seinem Penis zur Erektion.

Oben: Alle Signale seiner Körpersprache verdeutlichen ihr, daß er erregt ist – neben dem erigierten Penis sind seine Anspannung, der offene Mund und der zurückgelegte Kopf deutliche Anzeichen. Daraus kann sie schließen, daß er kurz vor dem Höhepunkt steht.

Der Moment der Penetration

Die körperliche Vereinigung kann der Gipfel sexueller Wonne sein. Im Idealfall erweist sie sich als ein einzigartiger Moment des Einsseins mit dem Partner, ein wunderbares Erlebnis gegenseitiger Lust. Doch unsere Bereitschaft zu diesem letzten Schritt ist nicht immer gleich. Abhängig vom Zeitpunkt und der jeweiligen Situation haben wir vielleicht noch gewisse Scheu davor oder möchten abwarten. Woher wissen wir, wann der richtige Augenblick endlich gekommen ist, und wie kann uns die sexuelle Körpersprache hierbei helfen?

Seine Erektion signalisiert auf eindeutige Weise, daß er stoßen und gleiten will. Er fiebert der Penetration und dem warmen, feuchten Gefühl entgegen, das seinen Penis umfängt, wenn er in sie eindringt. Sie erlebt ihre Vagina vielleicht heiß und pulsierend, naß und leer, die Füllung ersehnend. Beide können Muskelzuckungen im Po, ein elektrisierendes Kribbeln im Rückgrat, eine gleichmäßige, rhythmische Annäherung oder eine Spannung zwischen sich spüren, die nach tieferem Kontakt verlangt.

Er kann sich herumwälzen und sie dabei an sich ziehen oder ihre Beine spreizen, sich über sie schieben oder nur kleine, unbewußte Bewegungen als Vorboten dieser Dinge machen. Sie hat bereits alle Phasen der Erregung durchlaufen und schenkt oder erfährt sinnliche Lust wie tiefe Küsse oder in die Vagina eindringende Finger. Ihre Brustwarzen können erregt abstehen, ihre Scheide kann naß sein, obwohl keines dieser Anzeichen allein bedeuten muß, daß sie zum Geschlechtsverkehr bereit ist. Aber wenn sie ihn an sich zieht, ihre Hände auf seine Hüften oder den Po legt oder mit einer Hand seinen Penis einführen hilft, dann will sie es zweifellos. Sie kann sich ihm mit Mund, Zunge, Brüsten und Becken entgegendrücken oder die Schenkel spreizen, bereit, ihn zu empfangen. Ist dann der erste Schritt getan, kommt es zu einer Verlangsamung, wenn sich die Partner auf die Penetration konzentrieren, und zu einer momentanen Erneuerung des bewußten Kontakts, wenn sie, aus den Tiefen des Verlangens aufsteigend, sich in der Vereinigung hingeben. Möglich, daß sie sich nach einem flüchtigen Kuß tief in die Augen sehen, um dadurch ihren bewußten Entschluß zu bekräftigen, nun die letzte Stufe des intimen Zusammenseins erleben zu wollen. Unterdessen kann sein Penis etwas erschlafft sein; sie sollte ihm dann beim Einführen helfen.

Wie erkennen wir, wann es für die Penetration noch zu früh ist? Seine Signale sind offensichtlicher: eine nachlassende Erektion, sein Zurückweichen oder ein Abweisen ihrer Hand. Bei ihr zeigt sich die Unsicherheit nicht so klar; wenn sie allerdings (im Gegensatz zu sonst) nicht feucht wird, sagt das beiden, daß sie noch nicht so weit ist. Doch selbst mit feuchter Vagina kann sie Unsicherheit vermitteln, indem sie unmerklich zurückweicht, etwas die Beine schließt oder einfach die Anzeichen ihrer Erregung schwinden läßt. Jeder Partner sollte dann zu einer früheren Phase des Vorspiels

Engumschlungen haben sich die beiden Liebenden zu einem innigen Kuß vereint. Ihre reibenden, streichelnden Bewegungen signalisieren Bereitschaft zur Penetration; ihre Hand zieht ihn lustvoll an sich, seine ruht fest auf ihrem Po.

Beide Partner beugen sich etwas zurück; der zärtliche Austausch ihrer Blicke verschafft ihnen die Gewißheit, daß sie den nächsten Schritt tatsächlich wollen. Sie greift mit der Hand nach unten; er weicht zurück, damit ihre Hand Platz hat.

zurückkehren, zu jenem letzten Punkt, da ihre Bedürfnisse sich im Gleichklang befanden, und sich zu einem neuen Versuch vortasten.

Wenn alle Gefühle stimmen und beide sich bereit zeigen, kommt es zur Vereinigung. Wir wissen, daß es richtig ist, wenn das Glied mit sanftem Widerstand, aber mühelos in die feuchte Scheide gleitet. Unser ganzer Körper reagiert in diesem Augenblick mit einem spontanen Gefühl der Entspannung, verbunden vielleicht mit einem tiefen Ausatmen beziehungsweise einem leidenschaftlichen Aufstöhnen in Erwartung kommender Ekstase oder einer kurzen Pause, um die Nähe zu genießen; danach kann der erregende Tanz der leidenschaftlichen Körper beginnen.

PERSÖNLICHER TEST

Auf welche der im folgenden aufgezählten Arten geben Sie Ihrem Partner zu verstehen, daß Sie zum Geschlechtsverkehr bereit sind? Und wie, falls Sie es *nicht* sind? Wie zeigt Ihnen das Ihr Partner? Durch:

- Bewegungen
- Sinnlichkeit
- Erektion von Brustwarzen, Penis oder Klitoris
- Bewegungen von Penis oder Zunge
- Tonfall der Stimme

Sein Kuß mit geschlossenen Lippen markiert eine kurze Pause der Leidenschaft, während der er sich auf das Eindringen vorbereitet. Sie dirigiert ihn näher heran und wechselt dabei von der Seiten- in die Rückenlage.

Mit einer Hand stützt er sich ab und rollt sich sanft auf ihren Körper. Sie gibt ihm dabei liebevolle Unterstützung, indem sie eine Hand fest auf seinen Po legt, um ihn so tief wie möglich in sich zu halten. Nun hat die Vereinigung begonnen.

Auf ihr liegend und sich mit beiden Händen abstützend, dringt er nun fest in sie ein. Sie spreizt die Schenkel weit, um ihn zu empfangen, und zieht ihn an sich. Beide Partner bewegen sich gemeinsam auf einen sinnlichen, leidenschaftlichen Kuß zu.

Mit angezogenen Knien erlaubt sie ihm, noch tiefer einzudringen; ihre Hände – weiterhin auf seinem Po – umklammern ihn noch fester. Ihre geschlossenen Augen und der offene Mund zeigen ihre Erregung, als er sich zu bewegen beginnt.

Stellungswechsel

Die Stellung ist wichtig. Mit ihr können wir die Tiefe des Eindringens steuern, unterschiedliche Gefühle in verschiedenen Zonen unserer Geschlechtsorgane auslösen, ihr die nötige klitorale Stimulation geben, ihm einen raschen, heftigen Orgasmus bescheren, Kontrolle zulassen und Blickkontakt herstellen, ein wenig Nähe schenken oder etwas Abstand halten. Welche Stellung sollen wir wählen? Woher wissen wir, welche gerade die richtige ist und welche als nächste kommen sollte? Die sensible Körpersprache gibt uns die Antwort.

Eine richtige Stellung ist ganz einfach jene, die Wohlbefinden schafft. Zuerst fühlen wir uns entspannt; später spüren wir sich steigernde Lust in Vagina, Penis und Klitoris sowie am ganzen Körper prickelnde Erregung.

Eine Stellung, die sich zu Beginn oder während des Liebesspiels unglücklich auswirkt, macht sich bei beiden Partnern durch Unbehagen, abflauende Lust und nachlassende Aufmerksamkeit bemerkbar. Jeder der Partner kann dann teilnahmslos daliegen, sich abwenden, die Augen öffnen oder sich wehren. Er kommt vielleicht aus seinem Rhythmus oder muß innehalten, um seine Schultern oder Beine zu lockern; sie könnte ihre Lust schwinden fühlen, wenn ihre Klitoris vernachlässigt oder ihre Scheide am falschen Punkt stimuliert wird.

Vielleicht ist die Stellung auch einfach zu genau und bringt einen von uns oder beide unweigerlich zum Orgasmus, den wir noch nicht wollen. Drängende Bewegungen – oder völlige Ruhe in dem verzweifelten Bemühen, den Liebesakt zu steuern – deuten dann möglicherweise an, daß ein sofortiger Stellungswechsel ratsam ist, sollen die Gefühle nicht binnen Sekunden explodieren.

Erweist sich eine Position als unangenehm, sollten wir sie ändern und uns dabei von unseren Bedürfnissen leiten lassen. Möchte er tiefer eindringen, was er durch Stoßen zeigen könnte oder indem er sie an sich zieht, bietet sich eine Stellung an, bei der sie die Beine anhebt oder um ihn schlingt. Dringt er zu tief ein, was sie durch vorsichtigen Rückzug oder »Bremsversuche« ausdrückt, so könnte er sich seitlich oder von hinten nähern. Wenn, wie bei vielen Stellungen, der Kitzler kaum gereizt wird, wäre jede andere besser geeignet, das hochsensible Organ durch Berührung oder Körperdruck zu stimulieren. Und wenn wir unseren Wunsch nach Blickkontakt durch Rückzug deutlich machen, dann brauchen wir eine Stellung mit etwas Abstand zwischen uns.

Wer wagt diesen Schritt zuerst? Noch immer übernimmt er oft die Initiative, sie zeigt hingegen ihre Bedürfnisse nicht so offen. Normalerweise steuern beide leicht in die gewünschte Richtung, prüfen, ob der Partner auch mitzieht, und fahren dann auf derselben »Straße«. Sinnlich befahren, gleicht sie einem Tanz, einem Wunder der geringen Kräfte, bei dem sich die Körper harmonisch im Gleichtakt bewegen. Sobald aber der eine schiebt oder der andere bremst, kann der »Wagen« abrupt stehenbleiben, und das Glied rutscht aus der Scheide. Und manchmal kommt da auch ein wirkliches, deutlich geäußertes Nein, eine ehrliche Ablehnung des wortlosen Vorschlags des anderen. Vielleicht murrt ein Partner, hält urplötzlich inne, dreht sich um oder erwacht aus der Leidenschaft, um seinen Protest anzumelden.

Glücklicherweise gibt es jedoch Stellungen für jedermann; in Sexratgebern finden sich vielleicht hundert davon. Die meisten Paare indes begnügen sich auch in einer liebevollen Beziehung mit zwei bis drei bevorzugten Positionen. Wir alle sollten mehr experimentieren; nicht aus Neugier, sondern einfach, weil die wenigsten Positionen allen Bedürfnissen und viele nur denen eines Partners gerecht werden. Gute Liebhaber können auf verschiedene Stimmungen und wechselnde körperliche Wünsche eingehen. Sie ergänzen ihren bestehenden »Code« auch um Stellungssignale. Versuchen Sie mit einer Fingerspitze eine Richtungsänderung oder eine Gewichtsverlagerung, die Sie beide entlastet, anzudeuten. Probieren Sie es mit einem verbalen Code: Murmeln bedeutet einen Wechsel nach links oder rechts, ein glücklicher Seufzer, daß die richtige Lage erreicht ist.

Mit der Zeit gehen diese Codes im natürlichen Liebesspiel auf, und die Wahl einer für Sie beide richtigen Stellung wird zweitrangig.

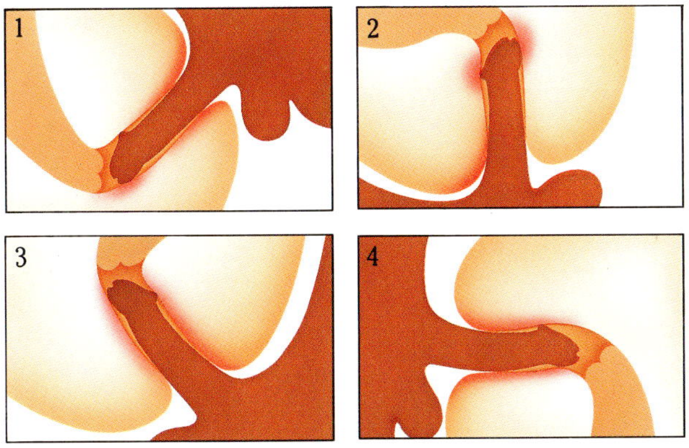

Links: Die Stimulation der Genitalbereiche durch verschiedene Stellungen. (1) zeigt Stellungen, bei denen er oben ist, (2) solche, bei denen sie oben ist; (3) zeigt Stellungen, bei denen er von hinten eindringt. Das stärkste Gefühl vermittelt die Scherenstellung (4), bei der sie auf seinem Schoß sitzt.

PERSÖNLICHER TEST

Welche dieser vier Stellungen mögen sie manchmal; sehr; gar nicht? Was gefällt Ihnen daran, was fühlen Sie dabei?

- Missionarsstellung; Frau oben; Eindringen von hinten; seitliches Eindringen.

Oben: Sie hockt auf ihm und lehnt sich zurück. So kann sie die Tiefe des Eindringens kontrollieren und sich frei bewegen.

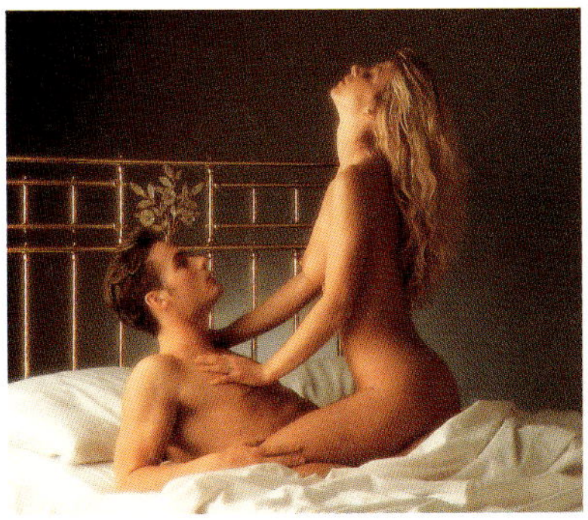

Oben: Beide beugen sich vor, können sich so gegenseitig liebkosen und streicheln; ihre Klitoris läßt sich leicht stimulieren.

Oben: Im Sitzen kann er ihre Brust küssen, während sie seinen Kopf an sich drückt; er hält sie fest mit beiden Händen.

Unten: Zurückgebeugt stützt sie sich mit beiden Händen ab, während er ihre Erregung durch Küsse auf Brüste und Bauch erhöht.

Tempovariationen

Welche Ergänzungen können wir, neben Stellungen, in den Tanz des Geschlechtsakts einbringen? Unser Tempo kann wechseln von ganz langsamen Bewegungen bis zu raschen, heftigen Stößen, die unweigerlich zum Orgasmus führen. Unser Rhythmus kann fließend und gleichmäßig sein oder unterbrochen und unregelmäßig. Wir können stilliegen, um die Erregung zu bremsen, und wieder anfangen, um neue Lust aufzubauen. Die Tiefe des Eindringens kann zwischen »ganz tief« und »kaum drin« schwanken, ebenso der Druck der Stöße, der von fest und bestimmend bis zu leicht und zart variiert.

Mit diesen Ergänzungen wird aus dem simplen Rein-Raus ein vielschichtiger Tanz der Lust, der sich jede Sekunde unseren Bedürfnissen anpassen kann. Er könnte zum Beispiel mit leichten, zarten, flachen Stößen beginnen, die tiefer, härter und schneller werdend uns zum Orgasmus führen. Dies ist zwar der »klassische« Ablauf, doch stehen je nach Stimmung auch andere Rhythmen zur Wahl. Nach längerem Rausch am Rande des Orgasmus kann dieser bereits durch die kleinste Bewegung ausgelöst werden und uns beide über die Schwelle katapultieren. Er kann unter gewissen Voraussetzungen schon nach wenigen Minuten tiefen, kraftvollen Stoßens kommen. Er kann auch aus geradezu mathematischen Bewegungsgleichungen resultieren: Alte chinesische Liebesratgeber empfahlen Kombinationen von schnellen und langsamen, tiefen und flachen Stößen in streng abgezählter Reihenfolge. Doch sollen Sie jetzt nicht auf die Idee verfallen, Ihren jeweiligen Rhythmuswechsel mit gemurmeltem oder sogar laut ausgesprochenem Herunterleiern von Zahlen zu begleiten.

Wie also drücken wir unsere Wünsche aus, um zum Höhepunkt zu kommen? Unsere Genitalien signalisieren uns ständig ihre Bedürfnisse; wir brauchen sie nur erkennen zu lernen und können sie erfüllen. Wie immer bietet sich nur eine Möglichkeit: durch Probieren herauszufinden, was uns gefällt. Die einzige Gefahr liegt darin, anzunehmen, man könne nur mit festen, schnellen, tiefen und regelmäßigen Stößen zum Höhepunkt kommen.

Vom Partner bekommen wir auch klare Signale. Rückzug, Wegziehen oder eine Neuauflage des Vorspiels drücken häufig den Wunsch nach langsameren, flacheren und zarteren Stößen, eine feste Umklammerung oder verstärkter Druck auf unsere Lenden das Gegenteil aus. Unregelmäßiger Atem kann das Verlangen nach neckischen, unrhythmischen Stößen bedeuten. Achten Sie auch auf sinnliche Signale, wie etwa zarte, langsame Küsse von ihm oder ihre Art, wie sie den Penis massiert. Wenn wir nach dem natürlichen Rhythmus unseres Partners (und nicht dem, mit dem er uns momentan während der Vereinigung beglückt) forschen, können wir sehr wohl erfahren, wie jener wirklich Liebe machen möchte.

Manchmal ist es gut, ganz aufzuhören – nicht aus Schmerz, sondern einfach zum Verschnaufen. Dann erkennen wir, daß wir in diesem Augenblick weder Tempo und Rhythmus noch Tiefe oder Druck brauchen, sondern vielmehr eine Umarmung, ein Lächeln und einen Blick, bevor wir uns erneut der Leidenschaft unseres Zusammenseins hingeben.

Großes Bild: Hier zeugt alles von einer sanften, liebevollen Vereinigung. Ihre Hand ruht leicht, aber führend auf seinem Oberarm. *Kleines Bild:* Nun spreizt sie die Beine etwas weg, damit er tiefer eindringen kann; er verstärkt Druck und Tempo seiner Stöße.

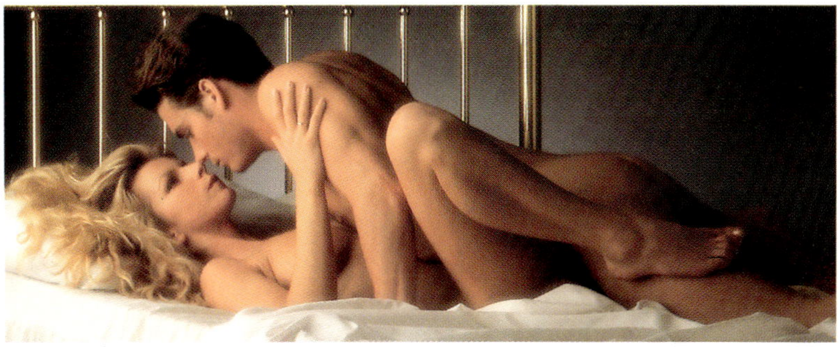

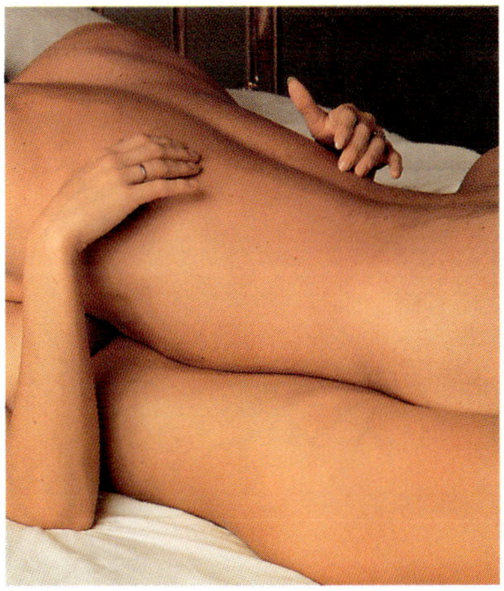

Oben: Leichte Berührungen mit den Fingerspitzen bremsen zärtlich das Tempo; sie zeigen ihre gelöste Stimmung und ihr Bedürfnis nach langer Liebe. Zur Lustverlängerung könnte er zwischen den Stößen pausieren.

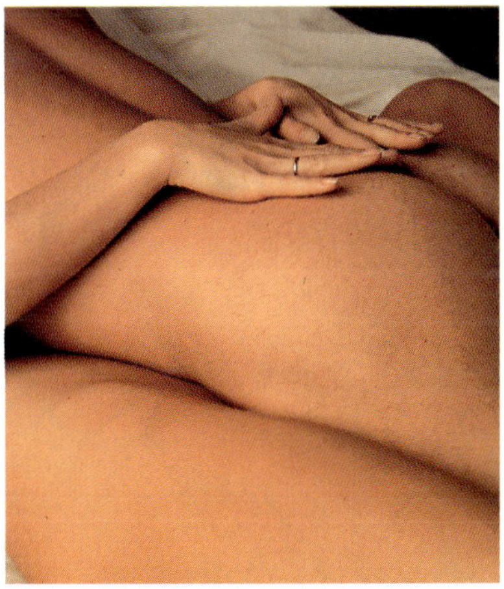

Oben: Durch festeres Streicheln im unteren Rückenbereich drängt sie zu schnellerem Rhythmus. Vielleicht drückt sie fester, damit er tiefer eindringt, was auch seine Stöße zu beschleunigen vermag.

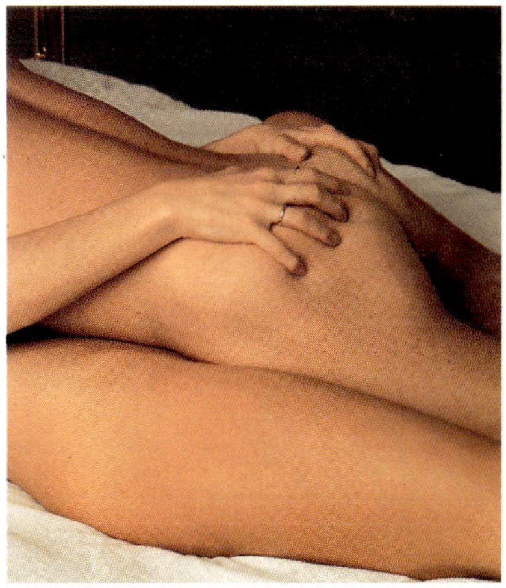

Oben: Ein fester Griff zeigt ihm, daß sie mehr Tiefe und Druck wünscht und daß er sich noch schneller bewegen soll. Sie kann ihre Fingernägel in seinen Po krallen, um den Kontakt zu vertiefen und ihn weiterzutreiben.

Gemeinsam zum Höhepunkt

Gleichzeitig zum Orgasmus kommen zu wollen, bedeutet ein wunderbares Ziel. Wir sollten dies jedoch weder erwarten noch fordern – freilich fänden wir es überwältigend, wenn es passiert –, aber wir können auf Geben und Nehmen, eine gemeinsame Verpflichtung für den Orgasmus des Partners hinarbeiten. Und wir sollten uns nicht mit einer Situation abfinden, wo ein Partner ständig und der andere nie einen Höhepunkt hat.

Zuerst ein Hinweis zum sexuellen Timing (siehe Seiten 74–75). Der gemeinsame Orgasmus ist keine Frage von Liebe oder Zufall. Selbst Frauen mit Orgasmuserfahrung brauchen mitunter Stunden von der ersten Erregung bis zum Höhepunkt, wogegen Männer, insbesondere am Beginn einer neuen Beziehung, oft schon nach wenigen Minuten »kommen«. Meist ist das Timing von Mann und Frau völlig verschieden; es kommt daher einem Wunder gleich, es überhaupt harmonisieren zu können.

Der zweite Schritt besteht in der Anwendung der Körpersprache. Können Sie sagen, wann Ihr/e Partner/in sich dem Orgasmus nähert? Und erkennt er/sie es bei Ihnen? Wenn Sie dazu in der Lage sind, haben Sie Ihr Ziel schon fast erreicht.

Lernen Sie Variationen der Leidenschaft zu erspüren

Beim Geschlechtsakt ist ihre Körpersprache sehr deutlich. Er treibt auf den Höhepunkt zu, während ihre geöffneten Augen und die zusammengesackte Haltung ihren wahren Gefühlszustand zeigen.

und die äußerst feinen Signale verschiedener Erregungszustände zu unterscheiden. Lernen Sie erkennen, wann sie in seinem Verlangen gefangen ist, sich mit ihm bewegt und schreit, aber keineswegs kurz vor dem Orgasmus steht. Lernen Sie zu wissen, wann er, fast am »Punkt ohne Umkehr« angelangt, mit schnelleren Stößen immer drängender nach vorn stürmt. Lernen Sie zu unterscheiden, wann etwas äußerlich wie gleiche Leidenschaft aussieht, sich von innen jedoch einfach ungut anfühlt. Lernen Sie diese Dinge zu erkennen, sobald sie geschehen. Dann agieren Sie.

Tun Sie was, um sie anzutreiben oder um ihn zu bremsen. Er kann die frühesten Anzeichen seines nahenden Orgasmus erkennen lernen und sich sofort mental oder körperlich aus der Leidenschaft zurückziehen. Hierbei kann helfen, in Gedanken von hundert rückwärts zu zählen, oder ähnliche Konzentrationsübungen, die ihn garantiert ablenken; manchmal allerdings dürfte das Herausgleiten in Verbindung mit einer liebevollen Berührung der einzige Ausweg sein.

Auch sie vermag hier die Kontrolle zu übernehmen. Anfangs sollte sie ihn bremsen, ihn zum Vorspiel zurückführen, seine Aufmerksamkeit auf sich ziehen, indem sie liebevoll seinen Namen sagt. Sie schaltet einen Gang zurück, wenn sie spürt, daß er schneller als sie auf den Höhepunkt zusteuert, indem sie von Oralsex zu Küssen übergeht oder ihm vorschlägt, sich abwechselnd zu erregen. Oder sie drückt, wenn er schon kurz davorsteht, seinen Penis direkt am Eichelkranz zusammen. Drei bis vier Sekunden dürften genügen, seine Leidenschaft abzukühlen; sobald er weniger erregt ist und Atmung und Hautfarbe eher wieder normal sind, läßt sie los und beginnt von neuem.

Sie kann die Dinge auf vielerlei Art beschleunigen. Ein Vorspiel, in dem sie all ihre Aufmerksamkeit nur auf sich richtet, mag egoistisch scheinen, doch kann es bedeuten, daß die Penetration beide leicht und schnell zum Orgasmus bringt. Es ist sehr wichtig, daß er sich eingehend mit ihrem ganzen Körper, Brüsten und Pohälften, ihren zahlreichen erogenen Zonen und vor allem ihren Genitalien beschäftigt. Es sollte ihr überlassen bleiben zu sagen, wann sie ihn in sich spüren will, und es sollten beide einsehen, daß das Eindringen auch ihr Verlangen – wenn auch nur kurzzeitig – mindern kann, weil die Reizung sich abschwächt. Ist dies der Fall, so suchen Sie nach Wegen, ihr eine derartige Stimulation zu verschaffen. Das mag anfänglich unspontan wirken; mit Übung verläuft es so natürlich wie Geschlechtsverkehr. Wenn Sie durch Masturbation zum Orgasmus kommt, dann erweist sich eine gemeinsame Suche nach solchen Stellungen als nützlich, in denen sie es beim Geschlechtsverkehr ebenso schafft. Vielleicht braucht sie eine Position, in der ihre Klitoris mit jedem Stoß gedrückt oder gestreift wird. Sitzt sie obenauf, können beide die Klitoris von Hand reizen. Wenn sie lieber liegt, ergeben sich seitlich oder von vorn die gleichen Möglichkeiten. Selbst bei der Missionarsstellung kann eine Hand, zwischen den Körpern hindurchgeschoben, ihr oft die Stimulation geben, die sie braucht. Denken Sie auch nicht, daß das Erreichen des Orgasmus nur durch Geschlechtsverkehr möglich ist; gegenseitiges Masturbieren mit Hand oder Mund kann sogar einen gleichzeitigen Höhepunkt auslösen. Wenn aber einer der Partner beim gemeinsamen Oralsex heftig »kommt«, muß er oder sie sich rechtzeitig zurückziehen, um möglichen Verletzungen an den empfindlichsten Stellen des geliebten Menschen vorzubeugen.

Steht der Höhepunkt kurz bevor, ganz gleich auf welche Weise, lassen Sie Ihre Kommunikation nicht abreißen. Es könnte sein, daß etwas Spezielles den Orgasmus eine Winzigkeit schneller bringt oder ihn nur minimal hinauszögert. Ein Verlust an Spontaneität und ein Bedürfnis, zu pausieren, zu experimentieren und von neuem zu beginnen, wären die Folgen, wenn Sie dies zum erstenmal versuchen. Doch schon bald vermag die Körpersprache den Orgasmus zu einem wirklich gleichzeitigen und gemeinsamen Erlebnis zu machen.

PERSÖNLICHER TEST

Sie und Ihr/e Partner/in wissen bereits, wie Sie die Stufen der Erregung sicher gemeinsam durchlaufen. Denken Sie an drei solcher Wege, mit denen Sie den Ablauf Ihrer Wünsche und Bedürfnisse synchronisieren. Und dennoch wird es Fälle geben, wo Sie beim Sex zu einer anderen Melodie tanzen. Denken Sie an drei neue Dinge, mit deren Hilfe Sie Ihr Timing noch besser aufeinander abstimmen können.

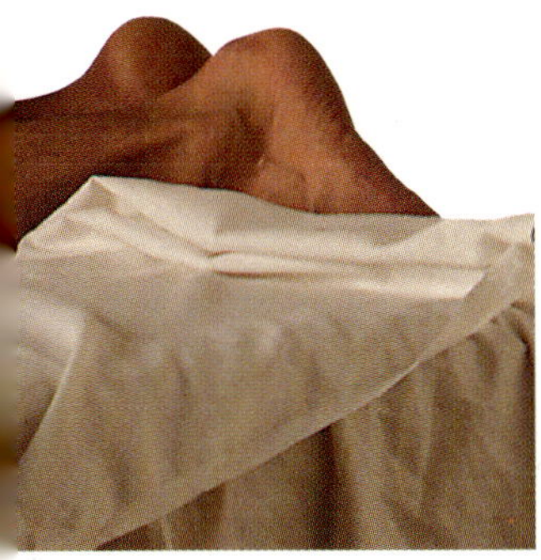

Oben: Mit guter Abstimmung fällt sein Orgasmus (orange Linie) mit ihrem letzten Höhepunkt (schattierte Fläche) zusammen.

Der Orgasmus

Die Franzosen nennen ihn den »kleinen Tod«, doch meist ist beim Liebesakt der Orgasmus der Gipfel des Lebens. Das Gefühl wächst; wie bei einem Wasserfall kommt unausweichlich die Kante, und wir stürzen hinunter. Jeder erlebt den Höhepunkt anders und immer wieder neu. Einmal gleicht er einem friedlichen Seufzer, dann wieder einem Vulkanausbruch. Er fühlt ihn mehr im Penis konzentriert; sie erfährt ihn eher als Ganzkörpererlebnis. Wenn ihr die Befähigung, sowohl klitorale als auch vaginale Orgasmen zu bekommen gegeben ist, vermag sie vielleicht zwischen den Empfindungen zu differenzieren, die dabei ausgelöst werden: Der klitorale Orgasmus verursacht ein starkes oder Übergefühl, der vaginale scheint tief in ihrem Innern zu entstehen.

Für sie wie für ihn hängt das Erlebnis von der Art des Körperkontakts und vom Timing ab: ob der Akt kurz und heftig war oder eine Dauerekstase mit Unterbrechungen. Und dann gibt es noch Mehrfachorgasmen: jene permanenten Höhepunkte, die, soweit bis heute bekannt ist, nur Frauen zu erreichen vermögen. Mehrere Orgasmen in Folge erfordern bei ihm Pausen dazwischen, nicht so bei ihr: Der längste durchgehende Höhepunkt wurde mit dreiundvierzig Sekunden angegeben!

Was brauchen wir beim Orgasmus? Obwohl wir uns in diesem Moment umfassender denn je in Puls, Atmung und Bewegung einander angleichen, sind unsere Bedürfnisse – wenn auch geringfügig – unterschiedlich. Wie immer sind gleichartige Berührungen mit ähnlichem Kontakt optimal. Wildes Stoßen kurz vor dem Orgasmus signalisiert wohl seinen Wunsch nach hartem, festem Kontakt; für sie könnte eine spontane, intensive Stimulation – oft deutlich fester, als eigentlich nötig, um sie bis zur Schwelle zu bringen – vonnöten sein, und beide brauchen kurz vor dem Orgasmus vielleicht die Gewißheit, daß der andere jetzt nicht aufhört. Doch probieren Sie auch sanfte Berührungen im Gesicht, an Rücken und Po; diese sind oft nötig, um den Höhepunkt vollkommen zu machen. Und wir sollten auch nie die Geräusche außer acht lassen: gemeinsames Keuchen oder Stöhnen, Liebesgeflüster oder ekstatische Schreie, wodurch die Lust im Orgasmus aufgeht.

Oben: Sie bewegen sich langsam, rhythmisch und halten sich mit wachsender Leidenschaft gegenseitig fest. Ihre Vagina ist stark durchblutet, seine Hoden liegen eng am Körper an, und sein Eichelkranz schwillt an. Ihre Hand auf ihrer Brust erregt sie noch mehr.

Oben: Beide spüren, daß sie auf den »Punkt ohne Umkehr« zusteuern; deutlich erkennbar die Muskelspannung. Ihre Vagina schwillt an und umklammert seinen Penis, der durch die festen Stöße voll erigiert ist. Auf der Haut beginnt sich eine verräterische Röte abzuzeichnen.

Oben: Sie wirft den Kopf in den Nacken, während beide dem Höhepunkt zutreiben. Bei ihr setzen Muskelkontraktionen ein, bei ihm steigt der Samen im Gliedschaft hoch. Indem sie sich gegenseitig fest umklammern, erreichen ihr Atem, Blutdruck und Puls Höchstwerte.

Rechts: Ihre Kontraktionen dehnen sich spiralförmig vom Becken zur Vagina hin aus; ihre erigierte Klitoris kann ebenfalls zucken. Im gleichen Rhythmus (im Abstand von zirka 0,8 Sekunden) beginnt er zu ejakulieren.

Unten: Wenn sein Samen in sie schießt, öffnet sich ihre Vagina, um ihn zu empfangen. Sie sind auf dem Gipfel des Orgasmus, der von ein paar kurzen Zuckungen bis zu fünfzehn Sekunden dauern kann; der ganze Körper wird von diesem Gefühlshöhepunkt mitgerissen.

PERSÖNLICHER TEST

Was fühlen Sie (oder Ihr/e Partner/in) beim Orgasmus? Versuchen Sie, Ihre Empfindungen in diesem Moment zu beschreiben. Variieren diese Gefühle, je nachdem, wie Sie Ihren Höhepunkt erlebten und welche Art von Orgasmus Sie hatten? Müssen Sie, wenn es Ihnen kommt, leise sein oder laut; fest oder sanft gehalten werden; schreien; sich bewegen oder stilliegen?

Die Entspannungsphase

Hatten Sie einen Orgasmus? Und ebenso wichtig: hatte Ihr/e Partner/in einen? Bei sich selbst kann man das meist schnell feststellen, doch gerade in einer neuen, noch nicht vertrauten Beziehung läßt sich schwer sagen, wann und ob auch der Partner schon »soweit« war. Für ihn ist es schwierig zu wissen, ob er weitermachen soll; ihr kann es schwerfallen, zu erkennen, ob er dazu fähig ist.

Seine Orgasmussignale mögen allzu offensichtlich erscheinen. Bei oraler oder manueller Stimulation läßt sich der Strahl zähflüssigen Samens schwerlich ignorieren. Mitunter ist es hilfreich, auf andere, frühere Anzeichen zu achten: den Blutandrang im Penis, die winzigen Tropfen Vorflüssigkeit, die plötzlich in Hand oder Mund fühlbare ungestüme Härte. Diese Signale bereiten uns auf das vor, was unmittelbar später erfolgen wird, egal durch welche Stimulation.

Beim Geschlechtsverkehr ist jedoch einige Verwirrung nicht ausgeschlossen. Ein Gefühl von Enge, wenn der Penis in der Vagina anschwillt, vielleicht das Pumpen der Ejakulation selbst, die Feuchtigkeit des Samens – all das kann sich deutlich bemerkbar machen, muß es aber nicht. Achten Sie statt dessen darauf, ob er lauter stöhnt, schneller und heftiger stößt, anders atmet oder seine Haut errötet. Oft verzerrt er das Gesicht in einer ganz bestimmten Weise, zieht die Lippen zurück oder keucht tief durch. Er kann die Partnerin umklammern oder unter sich wälzen, getrieben von spontanem Verlangen nach Küssen oder Gesichtskontakt; er kann sie an Brüsten oder Po packen. Vielleicht atmet er aber auch einfach aus und entspannt sich.

Bei ihr dürfte eine korrekte Einschätzung weniger leicht sein. Ihre Signale variieren. Stöhnen und heftige Bewegungen zeugen wohl von großer Erregung, aber nicht unbedingt vom Orgasmus selbst; ebensogut kann sie mit einem kleinen Seufzer »kommen« oder verstummen und blaß werden. Einfacher registrieren lassen sich jene Botschaften, die seine Reaktion widerspiegeln: angespannte Muskeln, ein schlagartig intensiverer Körperkontakt, ihre um ihn geschlungenen Beine, ihre Umklammerung.

Bei oraler oder manueller Stimulation ist eine Aussage leichter möglich. Sie kann plötzlich naß werden oder ihre Scheidenflüssigkeit sich in Konsistenz, Geruch oder Geschmack um Nuancen ändern. Die Vagina kann steiler oder enger werden, und die Kontraktionen vermögen einen Finger sanft zu umschließen. Beim Liebesakt ist mehr Verlaß auf Augen und Ohren, obwohl ein sensibler Penis vaginale Bewegungen gern erwidert.

Möglicherweise wird sie versucht sein, so zu tun als ob: eine leichte Sache, da die Signale des Beinahe-Orgasmus von denen eines echten kaum zu unterscheiden sind. Stöhnen, Bewegungen, Atemmuster und Pulsfrequenz können so mit denen des Partners verschmelzen, daß sie sich unmöglich trennen lassen. Und wenn er dann zum Höhepunkt kommt, kann seine Leidenschaft sehr leicht auch ihre Signale neutralisieren – und sie schafft es nicht, ihm hinterher die Wahrheit zu sagen.

Was sind denn nun hundertprozentige Anzeichen ihres Orgasmus? Gibt es überhaupt eine diesbezügliche Sicherheit? Einem neuen Liebhaber dürften nur die Zuckungen der Scheide als klares Indiz gelten, wenngleich sich der zarte, rosige Schimmer auf der Brust beim Orgasmus nur selten ohne echten Höhepunkt ausbreiten wird. Die meisten »klassischen« Anzeichen – lauteres Stöhnen, klammernde Hände, obszöne Wor-

te – können ebensogut von liebevoller Kumpanei zeugen als von einem echten Höhepunkt. Es braucht Zeit, die Orgasmusmuster des Partners zu lernen.

Während eine Frau, die nicht zum Orgasmus kommt, vielleicht bekümmert ist, kann ein Mann, der keine Erektion zustande bringt, in Panik geraten. Ebenso wird es seinem Selbstbewußtsein nicht gerade förderlich sein, wenn sie seit langem keinen Orgasmus mehr hatte, denn womöglich ist er überzeugt, daß es an ihm liegt. Der einzig wahre Weg, einem dieser Probleme zu begegnen, besteht darin, die Sorgen unseres Partners zu teilen und ihm zu helfen. Denn was in einer vertrauensvollen Beziehung Probleme schafft, ist nicht fehlende Liebe, sondern latente Angst: Angst vor Versagen, Mißbilligung oder Enttäuschung. All das blokkiert den Orgasmus, und diese Klippe umschifft man nur mit aufrichtiger Kommunikation.

Wenn wir den Verdacht hegen, daß unser Partner simuliert, daß sie also nicht »gekommen« ist oder er Schwierigkeiten mit seiner Erektion hat, sollten wir zuerst die Angst bekämpfen. Wir können knuddeln, beruhigen, Körperkontakt bieten und mit Küssen und Streicheln dem Partner unsere Verbundenheit zeigen. Fällt das Sprechen schwer, können wir indirekt fragen, ob sonst noch etwas nötig sei. Oder wir probieren es einfach aus und warten die Reaktion ab. Kommt ein Partner nicht zum Orgasmus, so ist das kein Weltuntergang, und wenn wir eng kuscheln und weiter kommunizieren, wird dieser Zustand auch nicht ewig währen. Das beste ist es, wieder zu fragen und einander zu zeigen, was erregend ist. Stellt sich der Orgasmus erst zuverlässig ein, verschwindet auch die Angst.

Manchmal steht er oder sie schon unmittelbar vor dem Höhepunkt, wenn man die Liebe aus irgendeinem Grund abbrechen muß. In dieser Situation ist die Belastung für beide Partner groß. Bei ihm kann die Erregung in Penis und Hoden unerträglich sein, sie kann noch Gefühle in Schenkeln, Pobacken, Genitalien, Brüsten und Bauch haben. Beides könnte diese sinnliche in eine unerotische Spannung, in Gereiztheit oder gar Wut umschlagen lassen. Das läßt sich an kurzen, flachen Atemzügen, einem angespannten Bauch oder Rücken erkennen oder daran, daß die Stimme höher oder knapp und scharf wird. Diese Spannung in uns vermögen wir abzubauen, indem wir uns bewußt entkrampfen, tief atmen und die Energie aus den Gliedern schütteln. Wir können unseren Partner kurz an Bauch, Rücken oder seinem Gefühlszentrum massieren, um die angesammelte Kraft abzuleiten, bevor sie sich negativ entlädt. Andererseits kann der Umstand, nicht zum Orgasmus zu kommen, ein erotisches Vergnügen sein, das uns den ganzen Tag über oder zumindest bis zum nächstenmal, wo wir wieder allein sind, in einem Zustand der Erregung hält. Wir genießen die sexuelle Spannung, während wir unserem Alltag nachgehen, und wir nehmen uns vor, bei der nächsten sich bietenden Gelegenheit auf die angebrochene Aufgabe zurückzukommen und sie diesmal zu vollenden.

Sie zeigt viele der typischen Anzeichen von Erregung – aber »kommt« sie auch? Mit der Zeit kann sie vielleicht Geräusch- und Bewegungscodes entwickeln, die ihm eindeutig sagen, daß sie kurz vor dem Höhepunkt steht und danach, daß sie ihn erreicht hat. Worte, Laute, eine bestimmte Spannung in ihrem Körper oder ihre klammernden Hände verschaffen ihm Gewißheit.

Danach

Die Erregung ist vorbei, vorläufig wenigstens. Aber die Minuten unmittelbar »danach« sind dennoch ein wichtiger Teil der Liebesbegegnung, denn unsere Körper kommunizieren nach dem Ende der Leidenschaft weiter. Die Botschaften, die wir dann senden, sind ebenso wichtig wie jene auf dem Kulminationspunkt des Orgasmus.

Wenn Atmung und Puls sich wieder beruhigt haben, durchströmt uns als eine erste Reaktion oft wohlige Gelassenheit. Sie löst die Anspannung der Muskulatur, die sich, als das Schmerzempfinden durch die Erregung betäubt war, unbemerkt aufgestaut hat. Beachten Sie die Veränderungen, die das Lösen der Körper und den Wechsel in eine bequemere Lage begleiten. Er empfindet Berührungen am Penis jetzt möglicherweise als sehr unangenehm; sie legt vielleicht gern die Hände beruhigend auf ihren Schoß.

Nach dem Lockerwerden beobachtet man zwei grundsätzliche Reaktionsweisen: ein mattes Wohlgefühl, bei dem man nur daliegen und träumen will, oder eine Umtriebigkeit, die aus dem Bett heraus und zu Aktivitäten zwingt. Im ersten Fall fühlen wir uns total entspannt und erschöpft; der Kopf ist leer, alle Sorgen sind verflogen. Als äußere Anzeichen könnte der Partner gerötete Haut, ganz oder halb geschlossene Lider, einen gesenkten Blick und schlaffe Glieder bemerken. Die Atmung ist ruhig, tief und langsam. Die Haut fühlt sich warm und weich an, die Muskulatur ist locker, und das Herz schlägt langsamer. Die Stimme kann undeutlich, sanft und leise, ja fast kindlich klingen.

Gelegentlich geht eine solche Entspannung einher mit einem Bedürfnis nach Loslösung und innerer Konzentration. Doch in der Regel möchte man halten und gehalten werden, mit leiser, vertraulicher Stimme reden und sich sanft geborgen wissen. Dies kann der Moment sein, um sich auszusprechen, Liebeserklärungen

Links: Sie wechseln Worte der Liebe, wenn nach dem Orgasmus die Körper zur Ruhe kommen. Seine Erektion geht allmählich zurück, die Hoden hängen wieder schlaff herab. Ihr Muttermund bleibt etwa eine halbe Stunde lang offen, damit Spermien zu den Eierstöcken hinaufwandern können; danach nehmen Gebärmutter und der ganze Vaginalbereich wieder ihre normale Größe an. Auch die Brüste verlieren ihre große Sensibilität, die Vorhöfe werden kleiner und die Brustwarzen flacher. Bei beiden Partnern läßt die Muskelspannung nach; Atmung und Puls normalisieren sich. Der Schweiß der Erregung verdunstet auf der Haut, die nun wieder ihre normale Empfindlichkeit zurückerlangt.

Links: Üblicherweise verspürt einer der Partner den Wunsch, abzuschalten und sich, zumindest eine Weile lang, nach innen zu konzentrieren. Dies signalisiert er oder sie durch körperlichen Abstand, Herumdrehen oder geschlossene Augen. Wenn der andere jedoch weiterhin körperliche Nähe sucht und dieses Signal als Ablehnung der eigenen Person oder der Beziehung auffaßt, könnten ernste Probleme entstehen. Ein Bedürfnis nach emotionaler Distanz als etwas Natürliches nach der Liebe akzeptieren zu können, erfordert Vertrauen und Kommunikation von beiden Partnern.

zu machen, vergangene Erlebnisse oder Zukunftsträume zu teilen. Oder man schläft aneinandergekuschelt einfach gemeinsam ein.

Vielleicht löst das Liebesspiel aber auch die zweite Reaktionsweise aus: eine lebhafte Energie, die sich darin ausdrückt, daß man Bäume ausreißen könnte. Von innen vermittelt uns dieser Zustand ein Gefühl von Stärke und Aktivität, mitunter gar Gereiztheit; wir wollen uns bewegen, reden, feiern, etwas tun. Unser Partner sieht, wie wir nervös zappeln, uns herumwälzen und nicht stilliegen können. Die Augen sind offen, die Muskeln straff; die Anspannung ist noch da, weil der Abbau des Adrenalins einige Zeit dauert. Die Atmung ist flach und rasch, der Puls wieder normal. Wir reden wie ein Wasserfall; manchmal scheinen die Worte kein Ende zu finden. Hier besteht ein Bedarf nach Aktivität: reden, etwas essen, duschen, aufstehen und ausgehen. Vielleicht necken wir uns, spielen oder beginnen zu raufen; eine derartige Stimmung führt wahrscheinlicher als jede andere zur postekstatischen Kissenschlacht.

Dies sind zwei Extreme, zwischen denen viele Nuancen liegen. Aus Entspannung kann ein Bedürfnis nach Action entstehen; umgekehrt kann einen urplötzlich nach einem ersten Energieausbruch der Schlaf übermannen. Problematisch wird es, wenn die Reaktionen nicht übereinstimmen: wenn er müde ist und sie etwas essen will; oder sie ist entspannt, und er möchte ausgehen. Dann müssen beide zur Annäherung bereit sein und sich in Gestik, Tonfall, Atmung und Aktivität anpassen, bis sie schließlich zusammenkommen.

Und dann? Wir beginnen zu strampeln und uns unbehaglich zu fühlen; unsere sanfte Schlafzimmerstimme, die Geschmeidigkeit, die mit der Erregung kommt – alles wie weggeblasen. Dies sind Anzeichen, daß der Liebesakt vorbei ist und wir wieder auf den Boden der Tatsachen kommen sollten. Oder aber wir wenden uns nach einer Weile erneut einander zu. Vielleicht stört seine Erektion ihren Schlaf, oder ihre Hände beginnen seinen Körper zu erforschen... Die Lust kehrt zurück – Zeit für einen weiteren Tanz der Sinnlichkeit.

PERSÖNLICHER TEST

Ein paar Gedanken für die Minuten nach der Liebe:

- Was brauchen Sie im Hinblick auf Ihre Handlungen, Worte, Gefühle? Was brauchen Sie von Ihrem Partner? Wie erkennen Sie, was Sie brauchen? Wie ändern sich Ihre Bedürfnisse in verschiedenen Situationen? Wie teilen Sie Ihre Wünsche dem Partner mit?
- Was braucht Ihr Partner im Hinblick darauf, was er oder sie tut, sagt oder fühlt? Was braucht Ihr Partner von Ihnen? Wie erkennen Sie, was er oder sie braucht? Wie teilt Ihr Partner Ihnen seine Wünsche mit?
- Wie können Sie, wo Ihre Bedürfnisse voneinander abweichen, diese äußern und Wege finden, Ihrer beider Wünsche zu erfüllen?

KAPITEL VIER

WAHRE LIEBE

Haben wir erst einmal mit unserem Partner geschlafen, stehen uns alle sexuellen und emotionalen Möglichkeiten offen. Vielleicht beschließen wir, diesen Partner nicht wiederzusehen; wollen wir jedoch die Beziehung intensivieren, stärken wir mit jeder Begegnung, jeder Berührung und jedem Akt der körperlichen Liebe unsere Verbindung und ihr Potential.

Dieses Kapitel beleuchtet die Chancen einer dauerhaften sexuellen Beziehung von zwei Seiten: der körperlichen und der seelischen. Diese sind in der Tat miteinander verknüpft, denn unsere Fähigkeit, körperlich zu empfinden, hängt unmittelbar von jener, auf emotionaler Ebene zu fühlen, ab. Indem wir also neue Wege finden, körperliche Lust zu spenden, zu nehmen und länger zu erleben, können wir das emotionale Potential unserer Beziehung steigern. Und durch Erkundung und Intensivierung unserer Emotionen wird es wahrscheinlich, daß unser sexuelles Zusammensein uns immer mehr Freude schenkt.

Die breite Palette der Gefühle, die wir in einer sexuellen Verbindung füreinander empfinden, kann sich als Prüfstein erweisen. Wir sehen uns möglicherweise mit unaufrichtigen Gefühlen, sexuellem Desinteresse oder dem Trauma des ewigen Dreiecks konfrontiert. Umgekehrt können wir gefordert sein, unsere Intimität zu entwickeln, Neues im Bett auszuprobieren, Phantasien auszuleben und unsere tiefsten Emotionen nach und nach preiszugeben.

Sobald wir uns mit Hilfe unserer körpersprachlichen Fähigkeiten diesen Herausforderungen stellen, werden wir imstande sein, sie in positive Erfahrungen umzumünzen. Am Ende, wenn wir es geschafft haben, unsere Gefühle und unser Verlangen miteinander zu vereinbaren, erwartet uns als Lohn eine lebenslange Liebe, die auf wahrhaft festen Fundamenten steht.

Wenn wir uns innerlich gebunden haben, werden die Eindrücke des Alltags Teil unserer Beziehung. Die Körpersprache kann uns helfen, sie zu meistern. Hier deutet ihre gesenkte, verinnerlichte Haltung an, daß ein Kummer sie plagt; er gleicht sich ihrer Körperbeugung liebevoll an, richtet aber seine Aufmerksamkeit von außen auf sie. Sein Arm spendet ihr Trost; allerdings drückt sich in der Art, wie er herabhängt, auch eine emotionale Müdigkeit bei ihm aus.

Der emotionale Wortschatz

Um die Körpersprache akkurat zu lesen, müssen wir emotional versiert sein. Beim Aufbau einer Liebesbeziehung sollten wir mit der ganzen Palette an Empfindungen vertraut sein; über das verfügen, was man ein emotionales Vokabular nennen könnte, und in der Lage sein, solche Gefühle bei unserem Partner zu erkennen. In unserer modernen Gesellschaft kann das unbequem sein. Wir meiden Gefühle, spielen sie herunter oder mißbilligen sie. Doch wenn wir unser Innenleben im Alltag unterdrücken, fangen wir damit auch bald im Bett an. Und nehmen wir erst einmal die Gefühle unseres Partners nicht mehr wahr und gehen nicht mehr auf sie ein, dürfte uns bald die leidvolle Erfahrung zuteil werden, daß wir niemanden haben, mit dem wir das Bett teilen können.

Der emotionale Wortschatz ist international; Signale dieser Art werden überraschend universell erkannt. Der japanischen Kultur ist die offene Zurschaustellung von Gefühlen fremd, im mediterranen Kulturraum dagegen gehört sie zum Alltag. Dennoch wird die Körpersprache von vier der fünf geläufigen Emotionen – Glück, Wut, Ekel, Traurigkeit – weltweit klar verstanden. Nur Angst wird in westlichen wie östlichen Kulturen oft mit Erstaunen verwechselt.

Wenn wir traurig sind, gehen wir in uns, um zu trauern. Im Innern können wir uns unsagbar schwer fühlen und nehmen eine bedrückte Haltung ein, der unser Gesichtsausdruck nicht nachsteht; Mund und Augen wirken teilnahmslos oder kühl, und wir atmen langsam und tief. Sollten wir weinen, dann klingt unsere Stimme zittrig.

Nur selten werden wir mit blankem Entsetzen konfrontiert, doch können wir bis ins hohe Alter sehr wohl mitunter Furcht oder Angst verspüren. Hierbei ducken wir uns, um uns unbewußt gegen echte oder eingebildete Bedrohungen zu schützen. Wir werden blaß; Lippen, Hände und die Stimme zittern. Ein beklemmendes Gefühl im Bauch oder eine innere Kälte sagt uns, daß sich der ganze Körper auf unsere Abschirmung konzentrieren muß.

Vertrauen ist das Gegenteil von Angst und drückt

Links: Seine nach innen gerichteten Signale zeugen von Angst oder Traurigkeit. Sein Gesicht ist blaß; seine Lippen sind geschlossen, und er schaut an ihr vorbei ins Leere. Ihre Reaktion ist stärker; sie schließt die Augen und geht innerlich auf Distanz, um ihren Gefühlsausbruch in den Griff zu bekommen, und bietet ihm ihren Mund zum Kuß. Ihr Gesichtsausdruck zeigt, daß sie den Tränen nahe ist.

PERSÖNLICHER TEST

- Angst, Furcht, Vertrauen, Erstaunen, Gereiztheit, Wut, Aufregung, Ekel, Traurigkeit, Freude…

…woher wissen Sie, wann Sie diese Emotionen spüren? Wie teilen Sie sie Ihrem Partner mit? Wie zeigen Sie sie nach außen hin? Wie gibt sich Ihr Partner, wenn er oder sie diese Emotionen fühlt? Vor allem: Woran erkennen Sie, wann sie sich bei Ihrem Partner bemerkbar machen?

Links: Bei Kummer sind die ersten Anzeichen von Tränen ein feuchter Glanz im Unterlid sowie eine Rötung der Augen, Lider, Wangen und Nase. Ihre Mundwinkel sind, wie der ganze Muskeltonus im Gesicht, nach unten gezogen.

Rechts: Ein angstvoller Blick äußert sich in hohen, zusammengezogenen Augenbrauen und leichtem Stirnrunzeln. Ihre Augen sind geweitet; das Unterlid ist leicht hochgezogen, der Mund einen Spaltbreit geöffnet. Bei stärkerer Angst wären die Lippen ganz zurückgezogen.

Oben: Ein nervöser Ausdruck beinhaltet auch etwas Ärger. Ihr Stirnrunzeln spiegelt Besorgnis wider, die Lippen hingegen drücken Gereiztheit aus. Sie blickt zur Seite, um auf die Gefahr zu reagieren.

Oben: Ein schräger Blick und geschürzte Lippen zeugen von Skepsis. Das Gesicht ist schräg gelegt, der Kopf leicht zur Seite abgewandt. Dadurch zeigt sie, daß ihr hier etwas nicht astrein vorkommt.

Oben: In dieser übertriebenen Pose mischt sich Angst (Stirnrunzeln) mit Unsicherheit (verzogenes Gesicht). Ihre Finger an den Lippen geben ihr Halt; vielleicht halten sie sie auch davon ab, sich zu äußern.

sich in gegenteiligen Signalen aus. Eine extrovertierte Haltung, aufrecht und mit hocherhobenem Kopf, spiegelt sich in unserem direkten Blick und in einer gleichmäßigen Atmung wider. Ein Lächeln kann über unsere Lippen huschen, unser Gefühlszentrum vermittelt Entspannung und Sicherheit.

Wut ist hauptsächlich eine nach außen gerichtete Emotion, die uns aktiviert, um Gefahren abzuwehren. Ein Adrenalinstoß macht uns kampfbereit; er gibt dem Körper schlagartig eine größere Agilität und einen Energieschub, den man tief im Bauch, Rücken oder in der Brust fühlen kann. Die Augen sind weit offen, als solle der Übeltäter durch Blicke gebannt werden. Wir atmen tiefer und sprechen lauter oder zischend, als gelte es, Eindringlinge zu verscheuchen.

Aufregung zeigt viele Signale der Wut, stimmt uns jedoch auf positive Aktion ein. Der gleiche Adrenalinstoß hält uns in Bewegung, doch diesmal kribbelt's im Bauch vor Aufregung. Mit glänzenden, geweiteten Augen blicken wir lebhaft in die Runde, die Stimme wird lauter und der Atem rasch und flach, um uns auf das vorzubereiten, was im nächsten Moment geschehen wird.

Wie vermögen wir nun dieses Basisvokabular der Emotionen anzuwenden? Wann immer wir auch nur das geringste Anzeichen für eines dieser Gefühle in uns selbst oder bei unserem Partner registrieren, ist unser Gespür der Zeit klar voraus. Wir können dann ergründen, was los ist, positive Gefühle anregen und negative ausschalten. Und durch unser Handeln können wir auch versuchen, die negativen Signale in die lächelnde Gelöstheit, die ausgeglichene Aufrichtigkeit des ersten Worts im emotionalen Vokabular umzuwandeln – und das heißt Glück.

Ehrliche Körpersprache

Wir alle versuchen ehrlich zu sein, so wie wir auch Ehrlichkeit bei anderen voraussetzen. Aber ist diese Erwartung immer realistisch? Emotionen sind häufig gemischt, und die Menschen sind sich kaum über ihre eigenen Empfindungen im klaren. Woran erkennt man eigentlich gemischte Gefühle: wenn bei Leidenschaft Verlegenheit mit hineinspielt oder bei einer Entschuldigung Ärger mitschwingt; wenn Zurückhaltung in Wirklichkeit auf Angst beruht oder Zustimmung eigentlich eine versteckte Ablehnung ist? Emotionale Unaufrichtigkeit bei uns und anderen zu erkennen und ihr behutsam zu begegnen, ist der Grundstein zu einer liebevollen und aufrichtigen Beziehung.

Der erste Schritt besteht darin, bei sich selbst gemischte Gefühle aufzudecken. Diese treten auf, wenn wir etwas sagen und dabei was ganz anderes fühlen. Wenn wir uns beispielsweise nach außen hin wütend geben, uns aber ein Schauer der Angst über den Rücken läuft; oder wenn wir »Ich liebe dich« sagen, eigentlich jedoch tieftraurig sind; oder wenn wir äußerlich nicken, unser Gefühlszentrum jedoch heftig protestiert – in all diesen Fällen erleben wir gemischte Gefühle.

Auch die Körperbotschaften anderer Menschen verraten, wann etwas nicht stimmt. Achten Sie auf »Ungereimtheiten«, wo ein Signal durch das eine Gefühl ausgelöst wird und ein zweites durch ein anderes. Ein besänftigender Tonfall, begleitet von einem ärgerlichen Gesichtsausdruck, meint vordergründig eine Entschuldigung, in Wahrheit jedoch versteckte Wut; ein strahlendes Lächeln mit Händeschütteln nach außen hin Vertrauen, tatsächlich aber innere Anspannung. Diese Signale können fast unmerkliche Mikrogesten der unterschwelligen Gefühlsregung sein; sie verändern den Gesichtsausdruck für den Bruchteil einer Sekunde und sind schon wieder verschwunden, bevor man sie wahrnimmt.

Suchen Sie auch danach, wo »Indizien« den Äußerungen widersprechen: wenn ein Ausdruck der Besorgnis von Gesten begleitet ist, die vom Gegenstand jener Befürchtung wegzeigen, oder wenn vorgetäuschtes Desinteresse von Bewegungen in Richtung der betreffenden Person widerlegt wird. Seien Sie vor allem wachsam bei falschem Lächeln, das im Unterschied zum herzlichen Pendant unspontan und zu einem unpassenden Zeitpunkt in der Konversation kommt; es baut sich zu langsam auf, wird sprunghaft schwächer und ist auffallend unsymmetrisch.

Achten Sie auf jegliche Anzeichen körpersprachlicher Anspannung: hochgezogene Schultern, verkrampfter Rücken, kleine Atempausen oder Verstocktheit (wie auf Seite 50 beschrieben). Übersehen Sie auch nicht Zeichen des Selbsttrosts: eine über das Gesicht streichende Hand; liebkosende Hände oder innere Konzentration. All diese Signale sagen: »Hilfe, ich verstehe es falsch, tröste mich bitte.«

Wie begegnen wir gemischten Gefühlen? Wir selbst müssen in uns hineinhorchen und dann den Mut auf-

Unten: Die beiden sind sich nah, aber sind sie auch verliebt? Der melancholische Ausdruck der Augen und das matte Lächeln lassen so gar nicht den Eindruck entstehen. Etwas Unausgesprochenes liegt in der Luft.

Oben: Sie bemüht sich mit der unteren Gesichtshälfte zu lächeln, doch ihr starrer Blick und die hochgezogenen Schultern enthüllen ihre wahren Gefühle: Sie verspürt Angst, Wut oder beides.

bringen zuzugeben, daß uns mehr als ein Gefühl beschäftigt, denn es ist die Angst, die uns davon abhält, rückhaltlos ehrlich zu sein.

Bei gemischten Gefühlen des Partners ist Distanz hinderlich. Rücken Sie zu ihm oder ihr hin, ermutigen Sie ihn oder sie mit Blicken und einfühlsamen Berührungen, bevor Sie liebevoll fragen, ob er oder sie Ihnen noch etwas sagen möchte. Je näher Sie sich sind, desto schwerer kann sich Ihr Partner verstellen. Achten Sie auf niedergeschlagene Augen und Zeichen von Furcht; sie können Unentschlossenheit, ehrlich zu sein, signalisieren. Bekunden Sie offene Anteilnahme, wenn Ihr Partner beginnt, seine wahren Gefühle vor Ihnen auszubreiten.

Großes Bild: Beide stehen mit verschränkten Armen scheinbar locker da. Doch schauen Sie genauer hin: Sein Lächeln scheint strahlend und gewinnend, aber es paßt nicht zu seinem verträumten Blick; die geballte Faust könnte ein Zeichen von Anspannung sein. Ihre verschränkten Arme als Kontaktbarriere einsetzend, duckt sie sich und starrt in die Ferne. Das schwache Lächeln vertuscht möglicherweise ihre Gefühle.

PERSÖNLICHER TEST

Betrachten Sie diese Aspekte der ehrlichen Körpersprache.

- Was sind Ihre inneren Signale/Anzeichen für gemischte Gefühle? Wie zeigen Sie sie Ihrem Partner? Was sind bei Ihrem Partner die inneren Signale für gemischte Gefühle? Wie zeigt er oder sie sie Ihnen?

Wenn der Körper nein sagt

Jeder hat mal einen schlechten Tag. Jeder weiß, daß manchmal die Erektion einfach ausbleibt oder die Vagina nicht feucht wird. Dann sollte man schmusen und es am folgenden Tag noch mal probieren. Aber was, wenn es nie ein Morgen gibt, wenn man jeden Tag nicht gut drauf ist und Sex kein Thema mehr bedeutet? Was ist los, wenn bei einem oder beiden von uns der Körper einfach nein sagt?

Im tiefsten Sinne ist das Körpersprache. Vorausgesetzt, die körperliche Liebe war nicht schon von Anfang an unmöglich, so hat der Körper ursprünglich doch ja gesagt. Jetzt, da das Interesse und das Verlangen fehlen, teilt er uns mit, daß etwas nicht stimmt. Und wir sollten zuhören.

Es gibt viele möglichen Gründe, warum die Lust gestorben sein könnte. Es könnte ein rein körperliches Problem sein: Vielleicht sind wir müde oder krank; unser Hormonspiegel könnte sich geändert haben, oder wir nehmen Medikamente ein (siehe PERSÖNLICHER TEST). Andererseits könnte die Ursache darin liegen, daß jetzt, wo die erste Woge der Leidenschaft abgeebbt ist, sich alte Erinnerungen wieder melden. Irgendeine frühere traurige Erfahrung sexueller oder seelischer Natur kann bewirken, daß Sex für uns qualvoll oder Erregung etwas zum Fürchten ist. Mit einer derartigen Situation müssen wir uns beschäftigen, und durch fehlendes Verlangen ermutigt uns der Körper zu diesem Schritt. In diesem Fall sollten wir den Mut aufbringen, darüber zu reden und, mehr noch, notfalls beratende Hilfe in Anspruch zu nehmen. Manchmal reicht Liebe nicht aus; wir brauchen auch erfahrene Freunde.

Vielleicht ist jedoch kein früheres Trauma, sondern die jetzige Verbindlichkeit das Problem. Es könnte sein, daß unsere gegenwärtige Beziehung weh zu tun beginnt und eine emotionale Komplexität annimmt, welche die Lust, die wir füreinander empfinden, trübt. Die Liebe ist noch da, aber es stellen sich jene kleinen Streitigkeiten ein, die das Vertrauen oder die Bindung so weit aushöhlen, daß unser Sexualleben eines Tages einer Wüste gleicht. Auch das muß aufgearbeitet werden, allerdings wohl eher in den eigenen vier Wänden. Anstatt wegzulaufen, sollten wir weiter gemeinsam über unsere Gedanken, Gefühle und Wünsche reden – oder jetzt damit anfangen. Wir müssen all unsere Fähigkeiten der Körpersprache einsetzen, um uns einander von neuem mitzuteilen und zu verstehen. Sind Trennungsignale da (siehe Seiten 106–107), werden wir letztlich wohl auseinandergehen. Wahrscheinlicher aber dürfte es sein, daß wir die Beziehung fortsetzen, bis wir eine neue emotionale Bindung entdecken. Dann wird unser Körper freudig wieder ja sagen.

Ein letzter Grund besteht darin, daß ganz einfach zu viele sexuelle Wünsche unerfüllt blieben und für einen oder beide Partner Sex nicht mehr die Anstrengung lohnt. Wenn er keine Erektion mehr bekommt und infolgedessen jedesmal, wenn sie ihn anfaßt, in Panik gerät, so zieht sich sein Körper ganz bewußt aus dem Spiel zurück. Wenn sie ein ums andere Mal nicht zum Orgasmus gelangt, verfällt sie vielleicht in Resignation, und ihr Körper trifft letztlich die Entscheidung, daß es besser ist, gar nichts zu fühlen.

In diesem Fall besinnen Sie sich auf Grundregeln. Es ist an der Zeit, dem eigenen Körper zu zeigen, daß es auch anders geht, daß Sex nicht freudlos sein muß und daß ein neuer Versuch möglich ist. Vereinbaren Sie beide, eine Weile – vielleicht für ein paar Wochen – ganz auf Geschlechtsverkehr zu verzichten. Danach berühren Sie sich jeden Tag einige Zeit lang; am ersten Tag nur an Kopf und Händen, am zweiten dann an Füßen, Armen und Beinen. Arbeiten Sie sich langsam von Tag zu Tag näher zu den Intimzonen vor. Berühren Sie ausgiebig. Starten Sie zu einer erogenen Erkundungsreise (siehe Seiten 64–65). Reden Sie miteinander und rufen Sie sich noch einmal ihre sexuellen Codes ins Gedächtnis.

Ist der Zeitpunkt zur Penetration gekommen, halten Sie sich vom Orgasmus noch mehrere Tage zurück. Zu Anfang sollten Sie einfach in sie eindringen, eine Weile stilliegen und die Gefühle wirken lassen. Später versuchen Sie vorsichtige Bewegungen. Erzählen Sie sich gegenseitig von Ihren Gefühlen, doch dann ziehen Sie sich zurück und fahren mit Berühren und Stimulieren fort. Lassen Sie sich mehrere Tage Zeit, auf den Orgasmus zuzusteuern – und auch nur dann, wenn Sie beide absolut bereit dazu sind.

Wenn Sie die Geduld aufbringen, Ihrem Körper zu zeigen, daß Sex etwas sehr Schönes ist, dann wird er schließlich wieder ja zu Ihnen sagen.

Oben: Hier übernimmt sie die Initiative. Vielleicht steht er unter dem Druck, eine Erektion haben zu müssen. Indem sie ihm die Verantwortung entzieht, kann er sorglos genießen.

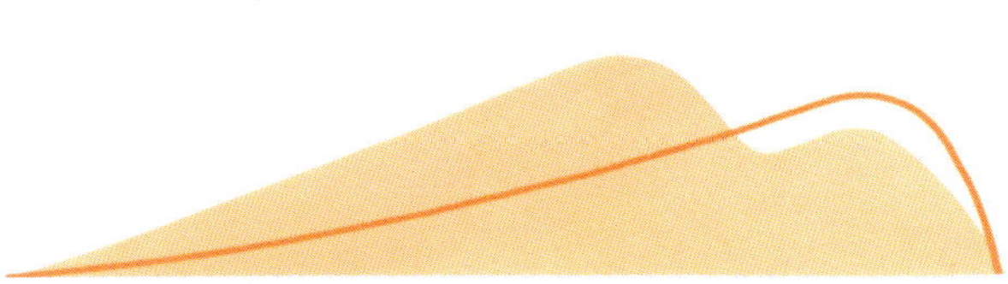

Oben: Das richtige Timing ist äußerst wichtig, will man das Vertrauen in die Fähigkeit, Sex zu genießen, wiedererlangen. Indem sie sich so einander anpassen, daß sein Höhepunkt (orange Linie) und ihr letzter Orgasmus (schraffierte Fläche) zusammenfallen, finden beide Partner Erfüllung.

PERSÖNLICHER TEST

Bevor Sie emotionale oder Beziehungsgründe dafür verantwortlich machen, daß Ihr Körper nein sagt, prüfen Sie, ob keiner dieser physischen Faktoren auf Sie zutrifft.

- Sind Sie permanent überarbeitet, krank, oder wurden Sie erst kürzlich operiert?
- Sind Sie stark übergewichtig?
- Hatten Sie in letzter Zeit ein traumatisches Erlebnis?
- Speziell für ihn: Trinken Sie viel? Nehmen Sie Antidepressiva oder blutdrucksenkende Medikamente?
- Speziell für sie: Nehmen Sie die Pille? Könnte es sein, daß Sie Ihre Periode bekommen? Sind Sie schwanger?

Dreiecksverhältnisse

Ist unsere Beziehung eigentlich ein sexuelles Dreieck? Will ein Eindringling die Harmonie unserer Partnerschaft stören? Geht einer von uns darauf ein? Dreiecksverhältnisse (eine Person hat mit zwei anderen eine intime Beziehung) werden häufig nur durch Körpersprache verstanden. Bei Affären entwickelt sich so viel Geheimniskrämerei, daß man nur anhand der nonverbalen Kommunikation erkennt, was sich real abspielt.

Ob sich nun alle drei Personen untereinander kennen oder nur eine mit den beiden anderen liiert ist – die Körpersprache ändert sich, sobald ein Dreiecksverhältnis Formen annimmt. Die natürliche, intime Kommunikation zwischen den festen Partnern läuft anders ab; neue Muster der Körpersprache entstehen: sowohl zwischen den beiden neuen Liebhabern als auch – sollten sie sich je begegnen – zwischen dem Außenseiter und dem anderen Partner.

Wenn Sie in eine bestehende Zweierbeziehung drängen, werden Sie von der Körpersprache der frühen Anziehung, die wir bereits kennen, umfassend Gebrauch machen. Herausputzen, Imponierverhalten, Blickkontakt; all das kommt zum Einsatz – unter den wachsamen Blicken einer dritten Person allerdings in gemäßigter Form: eine Berührung unterm Tisch, wenn niemand zusieht, oder ein kurzes, charmantes Lächeln im Vorbeigehen. Wenn überhaupt, werden Sie Ihren möglichen Liebhaber weniger liebenswürdig behandeln, als wenn Sie einfach befreundet wären. Sind Sie der Betreffende, werden Sie sich ebenfalls vor zuviel Offenherzigkeit hüten, unabhängig davon, ob Sie den ersten Schritt gewagt haben oder nicht. Möglich, daß Sie sich vor Rücksicht geradezu überschlagen und um jeden Preis natürlich und unbekümmert wirken wollen. Doch während Sie mit Worten Ihr Interesse zu tarnen suchen, weisen Ihre Gesten eindeutig zum neuen Objekt Ihrer Begierde hin.

Wenn Sie spüren, daß sich ein Verhältnis anbahnen könnte, dem Sie aber aus dem Weg gehen wollen, können Sie das mit klassischen »Nein«-Signalen (siehe Seite 31) untermauern: geschlossene Haltung, abweisende Gesten, wenig Blickkontakt. Sie könnten sogar vorsätzlich Botschaften gemischter Gefühle ausstrahlen, etwa ein falsches Lächeln (siehe Seite 100), um den Störenfried abzublocken.

Rechts: Wenn drei Freunde miteinander plaudern, wird deutlich, was sich im verborgenen abspielt. Er sitzt näher bei seiner Partnerin, aber sein Körper und Blick sind allein auf die »andere Frau« gerichtet. Er hat Blickkontakt mit ihr, und seine Handbewegung weist klar zu ihr hin. Derweil vertraut sie auf ihre Ausstrahlung. Sie lehnt sich, den Körper ihm zugewandt, im Sessel zurück und präsentiert lächelnd ihre Reize. Ihre Haltung ist offen, und sie streckt eine Hand in seine Richtung aus, wobei sie ihr Glas in seine intime Distanzzone schiebt. Seine Partnerin ist argwöhnisch. Sie ist ganz eng zu ihm hingerutscht, weg von der anderen Frau und deutlich in seine intime Distanzzone hinein, während ihre Hand auf seinem Handgelenk eher bremsend als vertraulich wirkt. Obwohl sie zu der anderen Frau hinsieht, ist ihr Blick nervös, skeptisch, nicht direkt und selbstbewußt wie bei jemand, der sich in seiner Beziehung sicher ist. Sie bemüht sich zu lächeln, doch es ist nicht echt; in Wahrheit verspürt sie Wut und Angst.

Wenn Sie als der feste Partner spüren, daß Ihre bessere Hälfte einen Seitensprung erwägt, prüfen Sie zuerst, ob überhaupt eine wirkliche Gefahr besteht. Selbst offenes Flirten ist wohl eher eine Reaktion Ihres Partners auf Schmeicheleien als ein ernsthafter Versuch, eine Affäre zu beginnen. Beobachten Sie, mit wem er oder sie in Körperhaltung, Tonfall, Atmung oder Fingerzeigen harmoniert. Sind Sie derjenige – Entwarnung. Ist es ein möglicher Konkurrent – Alarm! Überlegen Sie, welche Botschaft Sie dem Außenseiter zukommen lassen wollen. Sie dürften den beiden wohl kaum Erfolg wünschen; falls es sich aber doch nicht verhindern läßt, ziehen Sie sich von Ihrem Partner zurück. Zeigen Sie Desinteresse (nicht Wut – das wür-

de ja fortgesetzte Anteilnahme bedeuten); bewegen Sie sich ganz anders, brechen Sie den Blickkontakt ab, belauschen Sie die beiden nicht. Ein möglicher Eindringling wird sich sicher fühlen und Annäherungsversuche wagen. Wollen Sie, daß der Neuankömmling klein beigibt, gehen Sie subtil vor; defensiver Widerstand kann für Sie vorteilhaft sein. Greifen Sie in diesem Fall auf alle Körpersignale echter Freundschaft zurück: dicht herantreten, warmherzig lächeln, Gestik und Mimik angleichen, die Stimme auf intime Lautstärke senken, zu Vertraulichkeiten und Berührungen animieren. Merkwürdigerweise stärkt so etwas die Bindung zwischen Ihnen, und es dürfte der oder dem Neuen wohl kaum gelingen, Ihre Beziehung ins Wanken zu bringen.

Diese Sequenz veranschaulicht, wie Körpersprache die Dynamik eines Dreiecks bestimmen und in eine Partnerschaft Keile treiben kann. Die Kommunikation zwischen allen drei Beteiligten führt zu diesem Resultat.

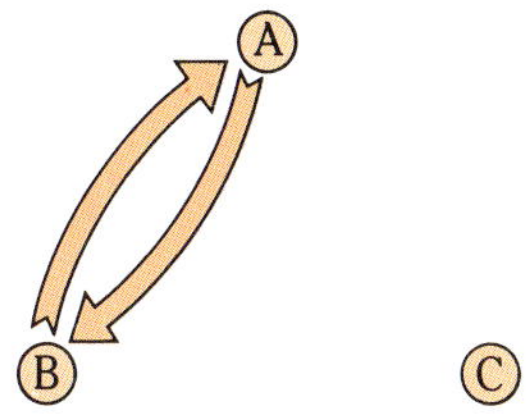

A und B haben eine Beziehung. Sie zeigen sich ihre Zuneigung mit liebevoller Körpersprache. C könnte ein Freund oder ein Kollege von A sein. C begegnet A in einem völlig anderen Umfeld, etwa im Beruf.

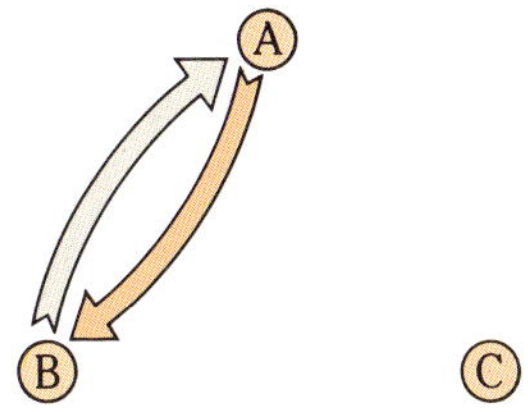

Aus irgendeinem Grund, vielleicht wegen Überarbeitung, beginnt B mit Rückzug oder Gereiztheit auf A zu reagieren. Zunächst zeigt A noch liebevolle Körpersprache, ist aber schließlich frustriert.

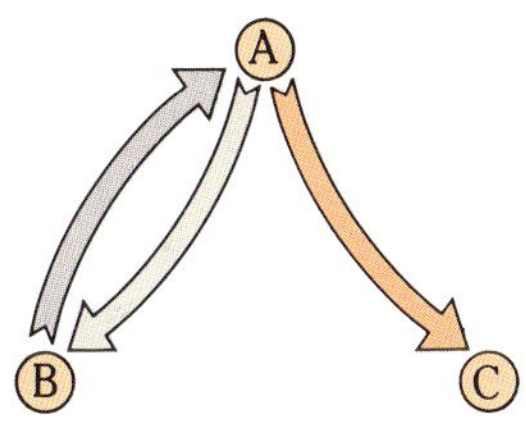

A's Frust äußert sich in wütenden Signalen an B, der noch gereizter als bisher reagiert. A beginnt sich für C zu interessieren, der, geschmeichelt, mit einladender Körpersprache reagiert.

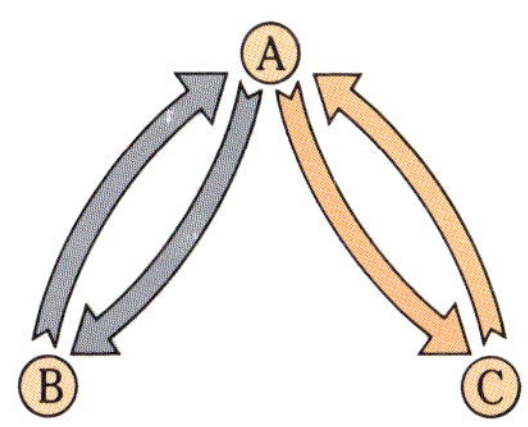

Von C ermutigt, signalisiert A seinerseits verstärktes Interesse, so daß C wohl eher positiv reagiert. Inzwischen reißt die nonverbale Kommunikation zwischen A und B immer mehr ab.

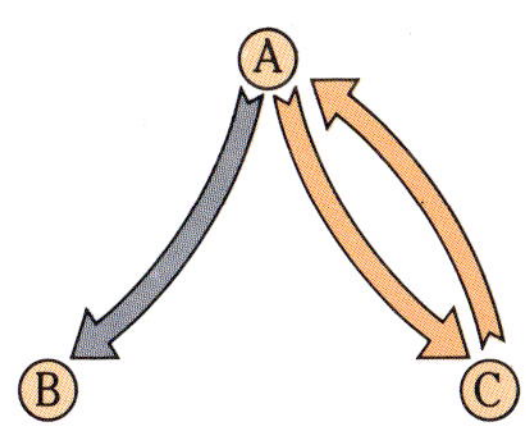

Während A und C sich weiterhin gut verstehen, zieht sich B, nun durch A's Verhalten irritiert, völlig zurück und zeigt keine herzliche Körpersprache mehr. A wird ärgerlicher und sucht zunehmend Unterstützung bei C.

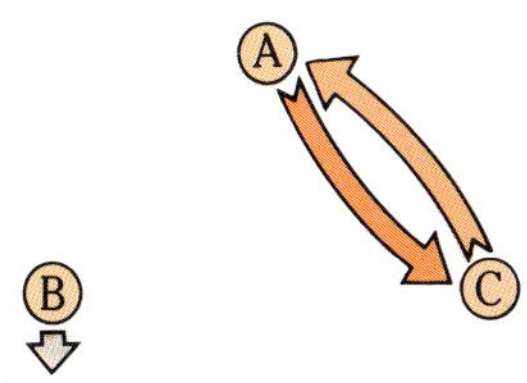

Vertrieben von A's Ärger, geht B weg. A schiebt derweil B die Schuld zu. C ist der lachende Dritte; indem er A's Interesse erwiderte, hat er B sehr verletzt, obwohl sie sich nie begegnet sind.

Das Ende der Beziehung

Woran erkennt man, wann eine Beziehung zu Ende ist? Die Zeichen einer Partnerschaft, die ihren Lauf genommen hat, sind oft sehr verschieden von denen einer Beziehung, die, obwohl mit Haken und Ösen, noch besteht. Selbst wenn die Körpersprache auf ständigen Ärger hinweist, wenn das Zusammenleben täglich in Krach ausartet und wenn Zerwürfnisse einen festen Bestandteil des Alltags bilden, kann doch noch Zuneigung mit im Spiel sein.

Eine Beziehung, die jedoch wirklich vorbei ist und in der sich einer der Partner gefühlsmäßig zurückgezogen hat, kennt diese Traumata nicht – falls doch, dann sind sie extrem einseitig. Daß wir an diesem Punkt angelangt sind, merken wir, wenn Emotionen so gut wie keine Rolle mehr spielen. Ein gleichgültiges Gefühl im Magen oder die nicht mehr vorhandene Spannung in den Rückenmuskeln signalisiert, daß unser Gefühlszentrum kaum noch die Gegenwart der anderen Person registriert. Weitere verräterische Anzeichen sind, daß uns der Gedanke an den Partner oder der Klang seiner beziehungsweise ihrer Stimme nicht mal mehr ein schwaches Lächeln entlocken kann, das Fehlen jeglicher Lustgefühle, wenn wir berührt werden, und die Unfähigkeit zu starken Emotionen wie Wut, Angst oder Kummer beim Umgang miteinander. Die Körpersignale des Partners empfinden wir nicht länger als

Rechts: Das Ende ist absehbar, auch wenn es vielleicht keiner von beiden wahrhaben will. Sie ist noch engagiert, wenngleich verärgert; ihr direkter Blick und das gerötete Gesicht zeigen ihre starken Emotionen. Ihre energische Handbewegung unterstreicht das Bemühen, den Worten Nachdruck zu verleihen, obgleich die andere Hand, die sie in der Hosentasche verborgen hält, diese Geste nicht ganz überzeugend erscheinen läßt. Er hat sich indes aus der Situation zurückgezogen. Mit gesenktem Kopf und trauriger Haltung streckt er die Hand nach ihr aus, um sie zu berühren, doch das Herumnesteln an ihrer Weste wirkt eher besänftigend als tröstend. Er wünscht sich nur, daß sie ihm verzeiht und daß die Beziehung gerettet wird. Er ist völlig mutlos, und seine Bewegungen drücken dies auch aus. Letzten Endes ist sie es möglicherweise, die ihn verläßt, doch er findet schneller wieder zu seinem emotionalen Gleichgewicht zurück.

verlockend, unser Atemrhythmus stimmt nicht mehr überein, und sein oder ihr Körpergeruch und -geschmack gehen uns plötzlich auf die Nerven.

Ähnliche Signale gibt ein Partner von sich, der sich endgültig von uns gelöst hat. Will er oder sie sich, wenn wir zusammen sind, lieber innerlich statt auf uns konzentrieren, so zeigt dies, daß unsere Gesellschaft nicht mehr erwünscht ist (wenngleich ein gewisses Rückzugsbedürfnis nur natürlich ist und kein Anzeichen einer welkenden Beziehung sein muß). Wir werden auch feststellen, daß wir uns nicht mehr in Haltung oder Gestik angleichen, nur gelegentlich Blickkontakt herstellen oder suchen, nicht mehr die Sätze des Partners ergänzen oder seinen Tonfall imitieren. Der Partner mag uns zwar höflich, aber distanziert vorkommen; die Stimme klingt leise, gelangweilt und kraftlos. Er oder sie zeigt kaum noch Emotionen und reagiert ruhig und besonnen.

Dies soll nicht heißen, daß keiner von uns starke Gefühle hegt. Einen Partner zu verlassen, ist kein formloser Akt, selbst wenn von emotionaler Verbundenheit nicht mehr die Rede sein kann. Angst oder Furcht kann uns überkommen, begleitet von Unbehagen im Gefühlszentrum oder Kälte in Händen oder Füßen. Wir sind verärgert oder traurig über das Scheitern der Beziehung und möchten am liebsten losheulen. Doch dies sind Emotionen über vergangene oder zukünftige Dinge; auf die Gegenwart bezogen bedeutet wahre emotionale Teilnahmslosigkeit, daß die betreffende Person oder Beziehung für uns keine seelische – und damit keine körperliche – Last mehr darstellt.

Wie erkennt man dann, daß es wirklich aus ist? Eine gute Methode besteht darin, einmal die eigene Körpersprache zu beobachten, wenn man plant, die Beziehung zu beenden. Sollten Sie sich außerstande sehen, Ihre Reaktionen abzuwägen, bitten Sie einen Freund oder eine Freundin, die Sache mit Ihnen durchzusprechen und zu sagen, was ihm oder ihr auffällt. Versuchen Sie, einen Satz wie »Es ist aus« laut auszusprechen. Wiederholen Sie ihn mit allen Anzeichen von Zuversicht: ebenmäßige Haltung, gerade Schultern, zielstrebiger Blick und das fast unmerkliche »Ja«-Nicken, welches zeigt, daß jeder Teil von Ihnen beipflichtet. Wenn Sie, nachdem Sie das hinter sich haben, tief durchatmen

Oben: Ist die Entscheidung getroffen, läßt oft der Schmerz nach, und man kann einander leichter Trost und Beistand für die letzte Phase der Beziehung geben.

und sich ruhig fühlen, dann wissen Sie, daß es an der Zeit ist, die Verbindung zu lösen. Wahrscheinlich fühlen Sie sich nicht umwerfend glücklich, doch Ihr Körper und Ihre Gefühle – wenn nicht Ihr Verstand – haben für Sie die Entscheidung getroffen. Wenn Ihr Partner Ihnen gegenüber von Trennung spricht und dabei die zuvor beschriebene Körpersprache an den Tag legt, sollten Sie den Tatsachen ins Auge blicken und das Unvermeidbare akzeptieren.

Oft allerdings deuten wir unsere Signale falsch und meinen, unsere Beziehung sei zu Ende, obwohl wir im Grunde nur in einer Krise stecken. Wenn Sie als Reaktion auf die obige Aussage starke Emotionen herauslassen – beispielsweise Tränen des Bedauerns, kochende Wut im Bauch, eine verrenkte Körperbewegung, ein leichtes Kopfschütteln –, dann sind Sie immer noch gefühlsmäßig engagiert. Ob Sie bleiben oder gehen, ist Ihre Entscheidung, doch oft lohnt es sich, für die seelische Bindung zu kämpfen.

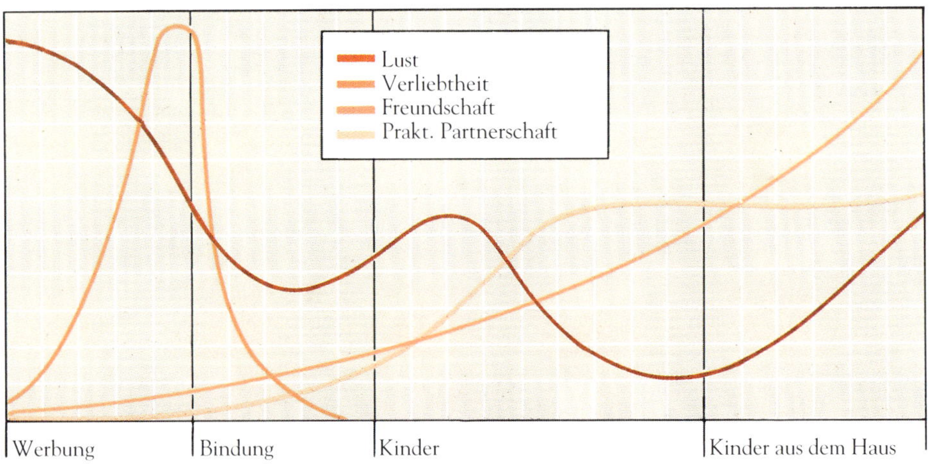

Oben: Sie denkt offenbar an ihren Geliebten. Spürt sie Lust, wo all ihre Gedanken und Gefühle auf das Verlangen gerichtet sind, oder ist sie total verliebt und ihrem Partner wegen dessen »Einmaligkeit« geradezu verfallen?

Links: Die Lust schwindet bald nach der sexuellen Liebe, wogegen die Verliebtheit zu Beginn am stärksten ist und dann rasch nachläßt. Praktische Partnerschaft wächst mit der Bindung und verflacht, sobald die Kinder aus dem Haus sind, doch Freundschaft wächst in einer Ehe ein Leben lang.

Sind Sie verliebt?

Wir sind uns begegnet, waren voneinander fasziniert und haben eine gemeinsame Zeit verbracht. Wir haben uns geküßt und berührt, uns schließlich wundervoll geliebt. Wir wollen, daß dies so weitergeht, vielleicht noch lange.

Aber sind wir verliebt? Ist gerade diese eine sexuelle Beziehung etwas Besonderes? Ist es eine Verbindung, in der wir körperlich, geistig und seelisch vollkommen aufgehen? Was geschieht, wenn man enger zusammenwächst, wenn jeder zu einem Teil im Leben des anderen wird? Und wie kann die Körpersprache uns sagen, was vor sich geht?

Die meisten Beziehungen mit einer ausgeprägten Sexualität basieren anfangs auf dem, was man Lust nennen könnte. Ein erster optischer Kontakt weckt in uns starkes körperliches Verlangen, das seinerseits unsere Körpersprache dramatisch beeinflußt. Noch bevor – vielleicht erst recht bevor – wir das Objekt unserer Begierde berühren, stellen wir uns vor, mit diesem Menschen zu schlafen, und darauf reagiert unser Körper. Wir können fast ständig feucht sein oder eine Dauererektion haben, und wir spüren unsere Haut, Lippen, Finger und Genitalien bewußter. Für andere scheinen wir träumerisch durch die Gegend zu laufen, wenngleich unsere Gefühle ihnen größtenteils verborgen bleiben.

Wenn wir tatsächlich Kontakt bekommen, und gewöhnlich nachdem wir uns geliebt haben, passieren zwei Dinge. Die starke Lust schwindet. Speziell bei ihm läßt das Verlangen drastisch nach, sobald der erste Sexualkontakt erfolgt ist. Danach entwickelt sich vielleicht ein Gefühl, oder die Sucht nach diesem einen Partner wächst, doch das stetige Verlangen ebbt ab. An diesem Punkt scheitern viele Beziehungen. Auf der Suche nach mehr Stimulation kann es ihn oder sie zu einer neuen Eroberung treiben. Oder es stellt sich eine gefühlskalte, sexuelle Routine zwischen ihnen ein. Vielleicht erwächst daraus aber auch richtige Verliebtheit. Dieser nächste Schritt erfordert ein Bewußtsein, das weit über die sinnliche Lust hinausreicht, jedoch ähnlich dramatische körperliche Veränderungen mit sich bringt. Man hat keinen Appetit mehr, leidet unter Schlaflosigkeit und nimmt ab. Wir lieben tiefe Blicke, der Puls wird unregelmäßig, der Blutdruck steigt. Andere erleben uns als rastlos und geistesabwesend, gänzlich auf den Partner konzentriert. Neueren Untersuchungen zufolge ist hierfür ein Hormon namens Phenyläthylamin im Gehirn verantwortlich, eine »Liebesdroge«, welche den gleichen Effekt auf die Psyche hat wie starkes Rauschgift.

Längerfristig jedoch verflüchtigt sich die Wirkung des Phenyläthylamins, und unsere erste Verliebtheit schwindet dahin. In körpersprachlicher Hinsicht fühlen wir uns emotional wie sexuell weniger stimuliert. Wir schlafen wieder regelmäßig durch, brauchen weniger Körper- und Augenkontakt mit unserem Partner und beginnen uns anderen Dingen des Lebens zuzuwenden. Wir werden ruhiger, da sowohl unser starker Sexualtrieb als auch das Verlangen nachlassen, während wir uns auf eine tiefere Bindung vorbereiten. Dieselben Forscher, die auch das Phenyläthylamin isolierten, nehmen an, daß in dieser Phase einer Beziehung auch andere Hormone eine Rolle spielen: die sogenannten Enzephaline, die unsere Fähigkeit, Probleme zu ignorieren, steigern und das Schmerzempfinden verringern. Auf dieser Grundlage können wir eine sachliche, anspruchsvollere und in jeder Beziehung gleichberechtigte Partnerschaft anstreben, in der wir gemeinsame Ziele haben, zusammenarbeiten, ein Heim einrichten und Kinder bekommen.

Eine letzte, übergreifende Phase ist der Aufbau einer Freundschaft mit unserem Partner. Neben den praktischen Aspekten einer Bindung erfordert dies gegenseitige Anerkennung und Aufmerksamkeit mit mentalem, emotionalem wie auch sexuellem Kontakt. Wir genießen es, die Zeit mit dem geliebten Menschen zu verbringen, gleichen Interessen nachzugehen sowie Gedanken, Gefühle und Erfahrungen zu teilen. Die Hormone, die hierbei im Spiel sind, heißen Endorphine, und die intensiven Glücksgefühle, die sie in uns auslösen, ermöglichen eine zufriedene Partnerschaft. Dies können wir im Gefühlszentrum oder in der Herzgegend spüren, vielleicht als Ganzkörpereindruck oder einfach als Bewußtsein von Wärme und Geborgenheit. In unserer Körpersprache drückt sich ein derartiger Zustand in der gesteigerten Fähigkeit aus, die Bewegungen unseres Partners harmonisch zu ergänzen, als wären wir eine Person.

Öffentliche Berührungen

Natürlich berühren wir uns im Schlafzimmer, aber wie steht es damit außerhalb der intimen Wohnungsatmosphäre? Halten wir als Liebende öffentliche Zärtlichkeit für tabu oder wesentlich, für ein Zeichen von Vertrautheit oder ein Signal der Unsicherheit?

Das Berühren außerhalb des Schlafzimmers kennt viele Formen: vom gesellschaftlichen Begrüßungskuß bis zum heimlichen Geschlechtsverkehr im Freien. Aber warum tun wir es? Vielleicht ist es die pure Lust, die einen gerade zu Beginn einer Beziehung reizt. Das Bett genügt einfach nicht; wir müssen uns weiter berühren, küssen und liebkosen, um die heftige Erregung zu zügeln, die uns vorwärtstreibt. Wenn man wie viele Jugendliche über keine Privatsphäre verfügt, in der man sexuell verkehren kann, bleibt als Möglichkeit hierzu womöglich nur die Disco oder der Park. In der anonymen Intimität einer Menschenmenge läßt sich Sexualität verbergen, indem man sie offen zeigt.

Vielleicht wollen wir mit unseren öffentlichen Zärtlichkeiten, insbesondere als Frischverliebte, anderen zeigen, was abgeht. Ein Streicheln seiner Wange sagt deutlich, daß wir ein Paar sind. Ein Arm um ihre Taille heißt: »Schau mal, sie liebt mich.« Solche Berührungen führen unsere Liebe nicht nur anderen vor Augen, sie tun sie auch der Welt kund. Wir gebrauchen große, auffallende Gesten und Bewegungen: schwingende Arme, stürmische Umarmungen, tiefe Blicke, die sich selbst aus vielen Metern nicht ignorieren lassen. Wahrscheinlich aber ist, daß wir uns in der Öffentlichkeit berühren, um einfach unsere Beziehung zu bekräftigen. Selten sind solche Berührungen offen sexuell, manchmal nur einen Tick intimer als zwischen zwei Freunden. Ein Kuß beim Wiedersehen, um das Zusammengehörigkeitsgefühl nach Stunden oder Tagen der Trennung zu bekräftigen; Händchenhalten beim Spaziergang, um unsere vielschichtige Kommunikation um das wesentliche Element des Hautkontakts zu bereichern; ein Küßchen mit geschlossenen Lippen vor Freude über das, was er gesagt hat; ein zärtliches Haarestreicheln als Dank für das, was sie gerade getan hat: All das sind wichtige Zeichen der Verbundenheit auf unserem gemeinsamen Weg durch die Welt. Die Tatsache, daß sie eher im Supermarkt stattfinden als im Schlafzimmer, ist das letzte, woran wir denken.

Jeder hat seine Ansicht, wann, wo, wie und bei wem Berührungen erfolgen dürfen. Er will sie vielleicht ständig umarmen; sie gibt sich möglicherweise reservierter. Sie kann bis in die Haarspitzen erregt sein, und er will einfach nur weitergehen. Unsere persönlichen Vorlieben beruhen auf unserer Erfahrung und den Umständen der jeweiligen Situation. Vielleicht bekamen wir früher von den Eltern oder Lehrern zu hören, daß Zärtlichkeiten in der Öffentlichkeit sich nicht ziemen oder daß sie, im Gegenteil, wichtige Liebesbezeugungen seien. Vielleicht sagen uns Geschlechtsklischees, daß richtige Männer viel berühren oder daß wahre Frauen solches nicht zulassen. Auch in kultureller Hinsicht unterscheiden wir uns: Einer internationalen Studie über Berührungen zwischen Bekannten zufolge finden in Puerto Rico etwa hundertachtzig Kontakte pro Stunde statt, in Frankreich hundertzehn, in den USA zwei und in England gar keine. Selbst Händchenhalten, in den meisten christlichen Ländern als harmlos angesehen, würde in vielen islamischen Staaten als anstößig gelten.

Doch was immer wir für Grundvorstellungen haben mögen – jede individuelle Situation schreibt Annehmbarkeit vor. Wir könnten Arm in Arm mit unserem Schatz ins gemeinsame Büro gehen, uns jedoch während der Arbeit nicht einmal berühren. Wir wären vielleicht ganz glücklich, uns in der letzten Reihe des Kinos leidenschaftlich zu küssen, aber wie peinlich, wenn das in der Reihe vor uns zwei gute Freunde mitbekämen! Ebenso sagt uns unser Gefühlszentrum, wie nah wir andere an uns heranlassen können; wenn uns also jemand zum falschen Zeitpunkt »auf den Pelz« rückt, fühlen wir uns unbehaglich und bedrängt, selbst wenn wir dieselbe Person am selben Abend im Bett wirklich sehr nahe heranlassen.

Was passiert, wenn unsere persönlichen Vorlieben nicht harmonieren, wenn einer von uns berühren möchte und der andere ausweicht? Wir kennen unsere eigenen Zweifel, falls wir in der Öffentlichkeit die Blicke anderer Leute bewußter wahrnehmen als den Wunsch unseres Partners nach Berührung. Umgekehrt sind wir uns ob der Zweifel unseres Partners im klaren, wenn er oder sie zurückweicht, sobald wir die Hand ausstrecken, und dafür steife, angespannte, schützende

Ihr Bedürfnis nach Berührung auch außerhalb des Schlafzimmers wird hier klar ersichtlich. Sie übernimmt die Initiative und küßt ihn vertraut vor aller Augen; indem sie sich von oben herabbeugt und ihn umarmt, drückt sie aus, daß dies »ihr« Kuß ist. Er fühlt sich rundum wohl. Sein zurückgelegter Kopf reagiert sensibel und lustvoll; dagegen zeigt sein passives Verhalten, daß er den Moment genießt und sich durch ihren Kuß geschmeichelt fühlt. Beide kümmern sich nicht darum, was andere denken. Indem sie den Kopf schräglegen und die Augen schließen, machen beide deutlich, daß die Welt um sie herum gerade nicht existiert. Dieser Kuß dient ausschließlich dem persönlichen, intimen Kontakt.

Gesten ernten und mit sperrigen Paketen oder Tragetaschen auf Distanz gehalten werden. Solche Verhaltensweisen können Kummer bereiten. Der Berührer mag Rückzug sehr wohl als Ausdruck eines Mangels an Verbundenheit oder Annehmbarkeit ansehen; der Nichtberührer kann sich durchaus verlegen, gefangen oder eingeengt fühlen. Angesichts solcher Differenzen ließe sich irgendwann eine Trennung nicht ausschließen, da beide es nicht schaffen, ihre Bedürfnisse auf tiefster Ebene unter einen Hut zu bringen. Weit besser ist es, sich darauf zu einigen, wie weit die Berührungen gehen dürfen und wann, wie und in welchem Ausmaß sie als angenehm betrachtet werden, sowohl im als auch außerhalb des Schlafzimmers.

PERSÖNLICHER TEST

Die erste Liste enthält Situationen, in denen Sie und Ihr Partner sich berühren können, die zweite mögliche Berührungen. Überlegen Sie, welche Berührungen Ihnen und Ihrem Partner in den jeweiligen Situationen angenehm wären.

• Situation

Im Bett; in einem anderen Raum; in der Öffentlichkeit ohne Zuschauer; an einem belebten Ort; vor Freunden; bei der Arbeit

• Berührungen

Hand halten; Arm um Taille; Hände in Gesäßtaschen; herzliche Umarmung; Kuß auf Wange; Kuß mit geschlossenen Lippen; Zungenkuß; Brüste berühren; Genitalien berühren; Geschlechtsverkehr haben

Kreativ streiten

Viele Paare streiten nie. Als von Natur aus ruhige Zeitgenossen gestalten sie ihre Zweierverbindung friedlich und harmonisch. Wenn jedoch mal Mißstimmigkeiten auftreten, so ist das in Ihrer Beziehung normal, und durch die sexuelle Körpersprache können Sie lernen, wie man sich kreativ auseinandersetzt.

Sich in den Haaren zu liegen ist wie Liebemachen. Beides läuft nach dem gleichen Schema ab, löst viele identische Vorgänge im Körper aus und stellt einen Ausbruch physikalischer Energie dar. Wie Sex können Streitereien gemeinsam und leidenschaftlich ausgetragen werden, um körperliche Erleichterung und emotionalen Kontakt zu schenken.

Sex wie auch Auseinandersetzungen fangen langsam, mit kleinen Andeutungen an. Giftige Widerworte, Anspannung im Kiefer oder Gefühlszentrum, ein Ansturm von Energie – all das sind Vorboten beginnender Rage. Sowohl Leidenschaft als auch Wut bewirken einen Adrenalinausstoß und treiben Puls, Blutdruck und Atmung in die Höhe, was uns auf die vor uns liegende Fehde vorbereitet.

Wut schuldbewußt zu unterdrücken oder den Partner schreien zu lassen, während man selbst besänftigt, ist so schlecht wie Sex ohne Orgasmus oder ein vorzeitiger Samenerguß. Das Adrenalin zirkuliert weiter im Körper, verursacht Streß und Spannung und richtet ungeahnten Schaden im System an. Viel besser tun wir daran, wenn wir es wie beim Sex machen: zum Höhepunkt kommen. Das erfordert Einsatz von Ihnen beiden, doch haben Sie die Reizschwelle erst überwunden und fühlen, wie der Zorn in Ihnen lodert, dann können Sie es gemeinsam schaffen. Steigern Sie Ihre Körpersprache, als wären Sie auf dem Weg zum Orgasmus: Sprechen Sie lauter, atmen Sie schneller, gestikulieren Sie energisch. Hüten Sie sich, wie beim Sex, vor Gewalt. Gleichen Sie sich wie in der Liebe stets den Bewegungen des anderen an. Haben Sie keine Angst vor der eigenen Courage; es ist nicht schlimmer als jeder x-beliebige Krach. Wenn Sie beide eisern auf Kurs bleiben, werden Sie feststellen, daß der Höhepunkt nicht lange auf sich warten läßt – und Sie brechen in Gelächter, Tränen oder schiere Euphorie aus! Sodann können Sie, nachdem sich der »Rauch« verzogen hat, sich umarmen und entspannen.

Unten: Streit und Orgasmus verlaufen nach dem gleichen Schema. Erregung oder Ärger (1 und 2) bauen sich langsam, aber unausweichlich auf. Das Liebesdiagramm zeigt, wie der Orgasmus (3), eine physische »Explosion«, den Körper mit Energie durchflutet und Erleichterung und Entspannung (4) bringt. Das Streitdiagramm veranschaulicht, daß, wenn sich in einer Liebesbeziehung aufgestauter Ärger in einer emotionalen Explosion entlädt, ein gefühlsmäßiger Energieschub körperliche wie auch geistige Entspannung und Versöhnung (4) bewirkt.

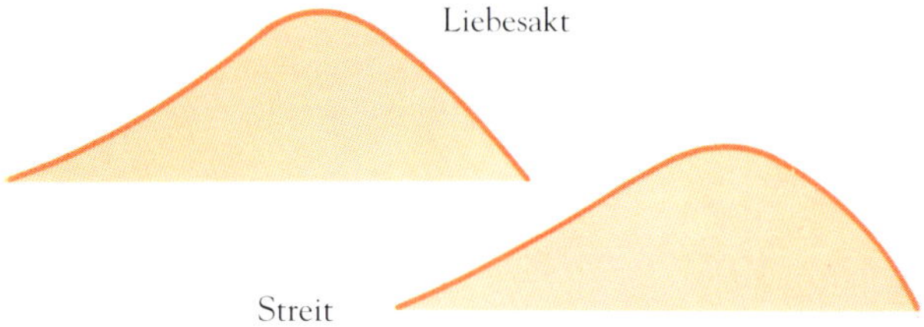

Unten: So wie ein früher Orgasmus den Liebesakt vorzeitig beenden kann und den anderen Partner unbefriedigt läßt (linkes Diagramm), so unbefriedigend ist eine unausgewogene Entladung von Ärger in einer Beziehung, in der ein Partner Schuld empfindet und der andere sich nachtragend verhält. Ebenso wie Sex ohne jegliche Entladung (rechtes Diagramm) beiden Partnern den Orgasmus vorenthält, so bleibt durch Unterdrückung von Ärger in einer Beziehung gärende Wut übrig, die alle Energie verschlingt.

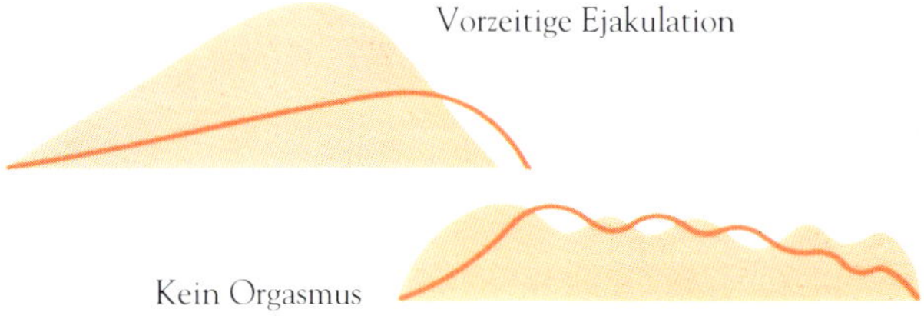

PERSÖNLICHER TEST

Wie erkennen Sie, wann ein Streit mit Ihrem Partner fällig ist? Denken Sie an die allerersten Anzeichen, die Ihnen sagen, daß es zum Krach kommen wird.

- Sie

Welche inneren Empfindungen haben Sie? Was spürt Ihr Gefühlszentrum? Signalisiert Ihnen irgendein spezieller Körperteil, daß Ärger in der Luft liegt?

- Ihr Partner

Welche Haltung nimmt er oder sie ein? Was fällt Ihnen an Augen, Mund, Gesichtsausdruck oder -spannung auf? Ändert sich die Farbe, Wärme, Feuchtigkeit der Haut? Wie klingt die Stimme?

Links: Es beginnt mit einer etwas undurchschaubaren Emotion. Gesichtsausdruck und Haltung der beiden drücken zweideutige Signale der Körpersprache aus. Er könnte ihre Arme vor Erregung oder Wut umklammert halten, während ihre Faust auf seiner Brust Abwehr oder Leidenschaft ausdrückt. Was trifft zu?

Oben: Sie rücken aufeinander zu; er faßt ihre Arme langsam fester, während ihre Hände zu seinem Hals hinaufwandern. Schon kann man bei beiden Partnern erste Anzeichen von Ärger erkennen. Sie erwidert seinen Blick, und die sich stetig steigernde Energie der Wut beginnt zwischen ihnen zu fließen.

Oben: Hier wird die Richtung der Interaktion noch deutlicher. Die wutgeladene Spannung zwischen ihnen läßt ihnen kaum eine Möglichkeit zum Ausweichen. Jeden Moment werden sie vollends explodieren. Nun ist klar, daß die anfänglich mißverständlichen Emotionen sich in ausgewachsene Wut verkehrt haben.

Ganz oben: Jetzt sind sie sich noch näher; er hält ihren Arm fest, ihre Hände haben seinen Hals erreicht. Selbst in dieser Phase hat die Situation ihre Zweideutigkeit verloren, denn man kann bereits erste Anzeichen von Leidenschaft bemerken. Sie schaut ihm in die Augen, und es ist deutlich, daß zwischen ihnen ein Austausch sexueller Energie begonnen hat.
Oben: Die Richtung dieser Interaktion wird noch ersichtlicher. Die Spannung zwischen ihnen bringt sie mit leidenschaftlichem, emotionalem Kontakt unmittelbar zusammen. Jeden Moment werden sie sich umarmen. Nun wird klar, daß die anfänglich zweideutigen Emotionen sich zu wahrer Leidenschaft gewandelt haben.

Heilsame Sexualität

Die körperliche Liebe weckt unweigerlich starke Empfindungen. Im Idealfall verhilft sie jedem Teil unseres Körpers zu selten erlebten Gefühlshöhen. Doch die sexuelle Vereinigung weckt auch starke Emotionen ganz anderer Natur, und diese können oft außer Kontrolle geraten. Wo wir also Leidenschaft finden, können wir auch leidenschaftlichem Protest begegnen, und wo wir zum Orgasmus kommen, sind Tränen ebenso nicht auszuschließen.

Wie wir erfahren haben, kommunizieren unsere Emotionen durch die Körpersprache mit uns; wir können Aufregung in der Magengrube und Wut als eine starre Fessel um den Brustkorb spüren. Wenn wir uns dann lieben und alle unsere körperlichen Empfindungen ungestüm hervordrängen, wird unseren Emotionen die große Chance eröffnet, sich zu Wort zu melden. Als hätte sich irgendein Kommunikationskanal weiter aufgetan, fühlen wir mehr beim Sex, und manches davon sind ebendiese Emotionen.

Wenn wir miteinander schlafen, verlieben wir uns auch zu einem gewissen Grad. Wir haben jemanden, dem wir unsere positiven wie negativen Emotionen anvertrauen können. Vielleicht fühlen wir uns unsicher wegen früherer Liebhaber und möchten darüber reden; vielleicht wollen wir unseren momentanen Unmut loswerden oder unsere Hoffnungen und Ängste bezüglich der Zukunft äußern. Herzensangelegenheiten, über die wir niemals mit einem Kollegen reden würden, sind mit einem Partner reif für ein Gespräch, und die körperliche Liebe bietet unter Umständen den besten Zeitpunkt dafür.

Wenn die Erregung in uns hochsteigt, erwachen auch andere Emotionen. Auf dem Weg zum Orgasmus können Freude, Angst, Wut oder Kummer fast unmerklich an die Oberfläche dringen. Vor, beim oder nach dem Höhepunkt kommen dann die Euphorie, die Wut oder die Angst. Unsere Emotionen folgen den körperlichen Reaktionen auf der Gefühlsskala, bis sie zwangsläufig kulminieren und rausgelassen werden müssen.

Möglich, daß dies allein unsere Sache ist und wir unsere Emotionen sich totlaufen lassen. Es ist auch denkbar, daß jeder von uns den anderen wie beim Sex allein durch die eigenen Reaktionen zu stärkeren Gefühlen drängt. Es könnte auch vorkommen, daß wir gemeinsam streiten, statt einsam zu weinen; gerade an dem Punkt, wenn wir uns eigentlich am nächsten sein sollten, greifen wir uns anscheinend emotionsgeladen an.

Wie erkennt man, wann derartige Emotionen ausgelöst werden? Im Falle von Angst empfindet sie möglicherweise Abscheu vor dem Eindringen seines Penis, wogegen er vielleicht besorgt ist, daß er keine Erektion bekommt. Während des Geschlechtsakts kann seine Wut ihn zu wildem, ja verzweifeltem Stoßen treiben; stimuliert sie ihn, so kann ihr Ärger bewirken, daß ihre Bewegungen hart und unkontrolliert oder langsam und zornig werden.

Kummer kann unsere Konzentration nach innen lenken und unseren Sex schwerfällig und passiv machen, während Verlegenheit allem einen Dämpfer aufsetzt – Brüste werden versteckt, die Beine nur zum Geschlechtsverkehr gespreizt, die Augen abgewandt und Stimmen gedämpft. Freude oder ausgelassene Euphorie kann beiden Partnern hysterische Lustanfälle bescheren; allerdings ist es nicht ungewöhnlich, daß dies später umkippt in die postkoitale *Tristesse* (Traurigkeit), wie die Franzosen sagen.

All das sind in Wirklichkeit positive Begleiterscheinungen. Emotionen auf diese Weise auszuleben, kann sich für die Entwicklung unserer Freundschaft nur förderlich auswirken. Denn wenn uns im Liebesnest des Partners die Gelegenheit geboten wird, unsere Emotionen zu erkunden und auszudrücken, erfährt unsere Beziehung eine unmittelbare Vertiefung. Selbst wenn unsere starken Gefühle uns zu gegenseitigen Attacken veranlassen, haben wir zu akzeptieren, daß dies großen-

Rechts: Die Graphik stellt vereinfacht dar, wie sich beim Orgasmus Emotionen wie Empfindungen zu einem Schwall von Gefühlen steigern können. Wenn wir physisch erregt sind, werden unsere Körperempfindungen unweigerlich immer stärker, bis sie ein Ventil gefunden haben. Entsprechend ändert sich auch unser Gemütszustand; er zehrt jeweils von der emotionalen Energie des Partners, bis er sich in einem orgasmusähnlichen Crescendo entladen muß. Es ist kein Zufall, daß mit wachsender Leidenschaft auch unsere Gefühle intensiver werden.

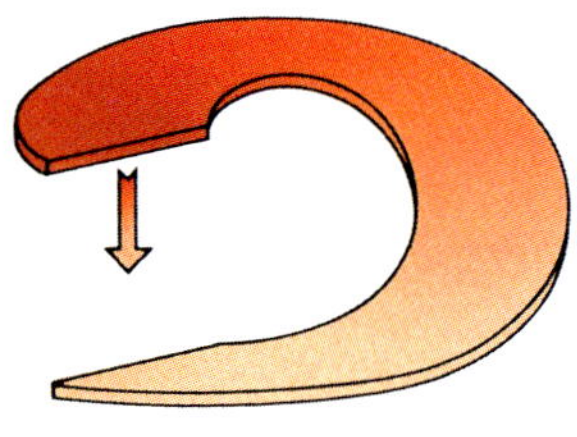

Oben: Ihre Liebe hat zu einem Gefühlsausbruch geführt. Statt nun aber die Chance wahrzunehmen, ihn zu erforschen, haben sie ihn als Problem gesehen und sich abgewandt. Seine gefurchten Brauen und die hinter dem Kopf verschränkten Arme zeigen, daß er nachsinnt; ihre zusammengekauerte Haltung läßt erkennen, daß sie Trost bei sich sucht. Im gemeinsamen Gespräch fiele ihnen eine Lösung der verfahrenen Situation leichter.

Diagramm: Ein typisches Schema einer Gefühlskrise. Beim Sex ärgert sich ein Partner etwas über den anderen. Dies weckt die Angst, den Erregungsverlauf zu stören, schlägt dann aber um in Verstimmung, weil der Partner nichts Negatives bemerkt hat. Angeregt durch die körperlichen Empfindungen der Liebe schraubt sich das Gefühl immer höher und entlädt sich in einem richtigen Sturzbach.

teils in der Natur unserer Sexualität liegt. So wie unsere intensiven körperlichen Empfindungen durch die Nähe zum Partner ausgelöst werden, so ist unsere große emotionale Energie eine Folge des emotionalen Kontakts. Seien Sie also darauf vorbereitet, Sex gelegentlich als emotionale Heilung anzuwenden. Bei einem Gefühlsausbruch versichern Sie sich einander zuerst, daß das Leid zumeist aus früheren Tagen herrühre und mit Ihrer jetzigen Beziehung in keinerlei Zusammenhang stehe. Vielleicht sollten Sie an die Vergangenheit denken und alle Erinnerungen – schöne und traurige – zulassen, wo ein Zusammenhang mit dem von Ihnen offenbarten Gefühl bestehen könnte.

Nehmen Sie sich dann die Zeit, über Ihre Erlebnisse, Gefühle und Erinnerungen zu reden; finden Sie heraus, warum sie während der Stimulation so bekümmert war oder weshalb er nach dem Orgasmus plötzlich Angst hatte. Teilen Sie ihre Tränen oder Wut über eine frühere Abtreibung. Sprechen Sie über die Exfreundin, die sich über seine Selbstbefriedigung lustig machte. Helfen Sie einander, jene dunklen Flecken auf der Seele des anderen wegzuwischen.

Und wenn Sie besonders mutig sind, kehren Sie genau zu dem Punkt zurück, an dem das Gefühl hochstieg, und beginnen dort noch einmal. Lieben Sie sich, bis diese Emotion sich Bahn bricht; dann lassen Sie den Tränen ihren Lauf, die Wut explodieren, sich von der Angst durchschütteln. Aber diesmal sind Sie beide vorbereitet! Wenn man sich ehrlich mit ihnen auseinandersetzt und sie mit den starken Empfindungen der körperlichen Liebe verbindet, so lassen sich positive Gefühle durch Sex noch steigern und negative umpolen. Kummer, Angst oder Scham können in der Geborgenheit der Umarmung eines Partners für immer verschwinden. Und Wut vermag sich in einen heulenden, schreienden Superorgasmus aufzulösen.

Neues ausprobieren

Guter Sex lebt von permanenten Variationen. Während eine kaputte Beziehung oder eine, in der der Körper den Liebesakt ablehnt (siehe Seiten 106–107 beziehungsweise Seiten 102–103), nur vorübergehend von neuen Sexideen profitieren wird, bringen diese in eine stabile und glückliche Partnerschaft zusätzlichen Pfiff.

Der erste Schritt besteht darin, festzustellen, wo etwas zu ändern wäre. Ein lustvoller Seufzer bei einer Lieblingsstellung heißt, diese beizubehalten; ein etwas anderer Seufzer kann bedeuten, daß das Repertoire erweitert werden sollte. Eine spezielle Methode, den Partner zu verwöhnen, mag vielleicht immer funktionieren; wenn sie jedoch Verspannung auslöst, dann ändern Sie etwas.

Mit der Zeit täte unserer Sexualität hier und da eine Abwechslung recht gut, doch haben wir das bislang weder erkannt noch dem Partner mitgeteilt. Wir könnten jetzt Oralsex wollen, obwohl wir uns bisher immer dagegen gewehrt haben. Vielleicht merken wir, daß wir nach oben rutschen, wenn der Partner uns auf den Bauch küßt, oder wir verlegen uns selbst auf die Stimulierung mit dem Mund in der Hoffnung auf Erwiderung. Wenn etwas, das uns früher in Stimmung brachte, nun Unbehagen bereitet, können wir anhand von entsprechenden Körperbewegungen dieses dem Partner zu verstehen geben. Nichts hindert uns, solche Wünsche offen zu äußern, und nichts kann den Partner davon abhalten, genauso ehrlich zu sein. Doch in einer guten und stabilen Beziehung halten wir vielleicht den Mund, weil wir nichts verderben oder gefährden wollen.

Die Körpersprache vermag die Einführung sexueller Variationen spielerisch zu gestalten. Überlegen Sie zuerst, wie Sie solche Neuerungen dem Partner deutlicher zeigen können. Oft braucht der andere nur ein klareres Zeichen, um sich auf die neue Situation einzustellen. Seien Sie am Anfang unbedingt liebevoll und nicht provozierend, oder Ihr Partner wird völlig zu Recht mit Unverständnis reagieren. Verstärken Sie dann, sobald Sie entspannt sind, Ihre positiven Signale und unterdrücken Sie die negativen. Wollen Sie eine neue Stellung ausprobieren, warten Sie, bis Sie beide in der Stimmung dazu sind. Dann zeigen Sie deutlich Ihre Lust, sobald Sie die neue Variante einleiten. Kein Liebender wird soviel Begeisterung widerstehen können. Wenn Sie möchten, daß Ihr Partner mit etwas aufhört, das Ihnen unangenehm ist, verhalten Sie sich passiv; wendet er oder sie sich dann etwas zu, was für Sie schöner ist, machen Sie durch Laute und Bewegungen deutlich klar, wie gut Ihnen das tut.

In einer liebevollen Partnerschaft ist man versucht, ständig ja zu sagen. Er weiß, daß sie es so bevorzugt, also quittiert er es jedesmal, selbst wenn er sich noch so unwohl dabei fühlt, mit lustvollem Stöhnen. Warum auch nicht? Das hat nun mal eine Partnerschaft so an sich. Doch wenn nach einer Weile etwas anderes schöner wäre, sollte unsere Liebe so weit reichen, auch eine ehrliche Körpersprache zu akzeptieren.

Und manchmal müssen wir unsere Wünsche vielleicht in Worte fassen, um sie dem Partner mitzuteilen: die Verwendung eines Kondoms oder den Vorschlag, uns mal ohne Sex zu lieben. Doch in dieser Situation kann es nur zu leicht passieren, daß die Körpersprache unsere Worte Lügen straft. Wir sagen zwar: »Das ist scharf, laß es uns probieren«, doch das nervöse Lächeln oder der argwöhnische Blick meint: »Ich traue mich nicht, es vorzuschlagen«, oder: »Ich bin böse, wenn du nicht ja sagst.« Unser Partner denkt: »Vielleicht ist es ja gar nicht so toll.« Dann wundern wir uns, warum er oder sie nein sagt.

Unsichere Gefühle (siehe Seiten 100–101) ersticken die besten Ideen bereits im Keim. Vermeiden Sie es, zu sehr zu lächeln, sich auf die Lippen zu beißen oder nervös zu gestikulieren; Ihr Partner wird Ihre Unsicherheit mitbekommen und sie zum Anlaß nehmen, um seine oder ihre eigene zu überspielen. Zeigen Sie statt dessen Ihre Liebe, Ihre Besorgnis und vor allem Ihre Begeisterung über das, was er oder sie gerade vorschlägt. Wählen Sie einen Zeitpunkt, wenn Sie beide die Nähe des anderen genießen und vielleicht erregt sind. Schauen Sie einander tief in die Augen, atmen sie gleichmäßig und entspannen Sie sich. Denken Sie daran: Ihr Ziel ist es, mehr Vergnügen zu schenken und eine bessere Beziehung aufzubauen. Sie haben daher ein Recht, neue Ideen anzuregen. Erklären Sie frei heraus und ohne zu zögern, was Sie wünschen und warum es herrlich sein würde.

Oben: Wenn ein Partner einen Vorschlag nicht gutheißt, dann ist vielleicht Verständnis unsererseits gefragt. Sie hält ihn mit verschränkten Armen auf Abstand; ihr gesenkter Kopf und die niedergeschlagenen Augen deuten ihre sehr negativen Emotionen an. Also rückt er näher, jedoch nicht zu nahe, eine Hand auf ihrem Rücken; vielleicht streichelt er ein Gefühlszentrum. Er sieht auch ständig zu ihr hin und zeigt ihr durch seine Aufmerksamkeit, daß er sich Zeit zum Zuhören und Reden nehmen will. Doch er entschuldigt weder ihre Reaktion, noch regt er sich darüber auf; er gibt weder klein bei, noch verlangt er ein Einverständnis ihrerseits. Er hat seine Anregung geäußert und wartet nun darauf, sich darüber verbal mit ihr auseinanderzusetzen.

Oben: Sie möchte etwas vorschlagen, traut sich aber nicht. Am falschen, schiefen Lächeln und den hochgezogenen Brauen und Unterlidern erkennt man klar ihren Beschwichtigungsversuch. Sie ist sich ihres Vorschlags nicht allzu sicher, und auch er dürfte es wohl keinesfalls sein.

Links: Ein optimistisches, ehrliches Lächeln, das sich in ihrem klaren und direkten Blick widerspiegelt, zeigt die Liebe, mit der sie ihre Ideen äußert. Ihr Ausdruck ist harmonisch, ihr Lächeln ebenmäßig, ihre Haltung direkt; sie weiß offenbar, was sie will. Welcher Partner könnte da widerstehen, ganz gleich, was sie anregt?

PERSÖNLICHER TEST

Sehen Sie sich diese Liste mit möglichen Neuerungen an. Wie leicht oder schwer würde es Ihnen fallen, diese Ihrem Partner mitzuteilen? Wie, glauben Sie, würde Ihr Partner jeweils reagieren? Würden Sie sich bei bestimmten Dingen verletzt oder bedroht fühlen, wenn Ihr Partner sie Ihnen vorschlagen würde?

- Meinen Partner bitten, etwas anderes zu machen
- Meinen Partner bitten, mit etwas aufzuhören, das er oder sie gern macht
- Meinem Partner sagen, daß ich keine Lust auf Sex habe
- Meinem Partner sagen, daß etwas, das er oder sie tut, mir unangenehm ist
- Meinen Partner bitten, mit dem Eindringen noch zu warten
- Meinen Partner bitten, den Orgasmus hinauszuzögern
- Meinen Partner bitten, rascher zum Orgasmus zu kommen
- Sagen, daß ich Liebe ohne Geschlechtsverkehr möchte
- Sagen, daß ich Geschlechtsverkehr ohne Vorspiel möchte
- Einen »Quickie« zur schnellen Entspannung vorschlagen
- Oralsex vorschlagen
- Eine neue Stellung vorschlagen
- Sex an einem anderen Ort vorschlagen
- Zeigen/fragen, was beim Masturbieren gewünscht wird
- Zeigen/fragen, was beim Sex genau gewünscht wird
- Anregen, erotische Magazine oder Bücher zu lesen
- »Safer-Sex«-Methoden vorschlagen

Welche Rolle spielen Sie?

Wir alle verfügen über verschiedene Seiten unserer Persönlichkeit. Im Beruf zeigen wir jenes, im Freundeskreis ein anderes Merkmal unseres Selbst. Im Bett wird uns die Chance zuteil, eine Menge davon zu offenbaren. Dabei handelt es sich nicht um Phantasierollen, sondern um Bilder von uns, die im normalen Leben zutage treten können oder auch nicht. Vielleicht sind wir im allgemeinen sanftmütig, aber im Bett – in der Geborgenheit der Umarmung unseres Partners – toben wir uns nach Herzenslust aus. Grob, derb, mild, sanft, zärtlich, leidenschaftlich, ruhig, aufgekratzt – wir können jeder beliebigen Seite von uns freien Lauf lassen und sie ablegen, sobald wir von der Sinnlichkeit in den Alltag wechseln.

Vielleicht wollen wir wieder Kind werden. Männer können es im allgemeinen schwer ertragen, hilflos und passiv zu sein, doch ab und zu sehnen auch sie sich danach. Achten Sie einmal darauf, ob Ihr Partner durch eine Embryohaltung sein Bedürfnis nach Verzärtelung zeigt oder mit weichem Lispeln babyhaft redet. Als Reaktion hierauf könnten Sie sein oder ihr Gewicht ganz auf Ihre Knie oder Brust nehmen: Schließen Sie Ihre warmen Beine um Ihren Partner, oder kuscheln Sie ihn oder sie in eine Armbeuge. Er möchte vielleicht auch an einer Brust nuckeln, aber ganz anders, als wenn er erregt ist.

Die Ergänzungsrolle zum Kind ist die der Eltern. Wir können Fürsorge übernehmen, uns praktisch um das »Kind« kümmern, Essen und Trinken anbieten, uns liebevoll hinunterbeugen und es streicheln oder knuddeln. Mit sanfter Stimme können wir unserer Liebe Ausdruck geben. Eine gute Reaktion auf den Wunsch des Partners, Papa oder Mama zu spielen, besteht darin, sich zurückzulegen, zu entspannen und sich umsorgen zu lassen, solange wir uns dabei wohl fühlen.

Hilflos oder verantwortlich zu sein, ist ein weiteres Paar sich ergänzender Seiten der Persönlichkeit. Wir können ein Bedürfnis nach Hilflosigkeit signalisieren, indem wir zum Schein zu raufen beginnen und dann aufgeben, die Arme beim Geschlechtsverkehr über den Kopf strecken, so daß uns der andere niederdrückt, oder durch jede Streckbewegung, die unsere Körpermitte entblößt. Wenn wir den Elternpart spielen, können wir die Bedürfnisse eines hilflosen Partners erfüllen oder

zum eigenen Spiel überleiten, indem wir einen Kampf anfangen, um zu gewinnen, oder beim Liebesakt grob reden, Befehle geben beziehungsweise die Führung übernehmen. Wenn dieses Rollenspiel harmonisch abläuft, vermag der »Elternteil« das »Kind« fast an die Schwelle zum Orgasmus zu bringen und den Partner manchmal über eine lustvolle Zeitspanne lang dort zu halten.

An dieser Stelle ein Wort zu den Geschlechterrollen. Wenn sie ihre hilflose Seite offenbart, fühlt sie sich eventuell schuldig, daß sie das Gefühl des Beherrschtwerdens genießt; ebenso kann ihn das Gewissen plagen, dominant sein zu wollen. Doch in dieser Liebessituation können beide diesen normalerweise verborge-

Oben: Er läßt seine kindliche Ader durchkommen, während sie glücklich ist, in die Mutterrolle zu schlüpfen. Seine Embryohaltung und die geschlossenen Augen lassen sein großes Bedürfnis nach Geborgenheit erkennen. Sie streichelt ihn an der Stirn und »wacht« in einer typischen Elternhaltung über ihm.

Links: Sie spielt die Hilflose, er hat die Verantwortung. Ihr Lächeln zeigt, daß es ihr Spaß macht, während er in die Rolle des Gebieters geschlüpft ist und es höchst amüsant findet. Gleich beginnt er sie zu erregen, und die Stimmung wird sich erneut ändern.

PERSÖNLICHER TEST

Denken Sie über Ihre Rolle beim Liebesspiel nach.

- Welcher der folgenden Seiten Ihrer Persönlichkeit sind Sie sich bewußt: Baby; Elternteil; hilflos; verantwortlich; Clown?

Wie drücken Sie diesen Teil Ihrer Persönlichkeit in der Liebe aus? Wie würden Sie ihn gern verwirklichen? Wie könnte Ihnen Ihr Partner dabei helfen? Würden Sie sich bedroht fühlen, wenn Ihr Partner irgendeine dieser Rollen im Bett übernähme?

nen Seiten ihrer Persönlichkeit freien Spielraum verschaffen in der Gewißheit, daß in Wirklichkeit sie alles unter Kontrolle hat – ein echter Protest von ihr, und er würde sofort seine Rolle aufgeben.

Wenn wir unsere komische Seite ausleben, ist Spaß im Bett für uns nichts Fremdes. Lust zum Herumalbern zeigen wir durch viel Lächeln und Lachen. Häufig sind wir dann zu Schabernack aufgelegt und grapschen an unsere Genitalien oder die des Partners, allerdings nicht in dominanter oder erregender, sondern in neckischer Absicht. Der Clown liebt es, zu experimentieren, Dinge auszuprobieren, Sahne aus dem Spender zu verspritzen oder dummes Sexspielzeug zu benutzen. Der Clown in uns ist eine lustige Seite unserer Persönlichkeit; begegnen Sie ihr fröhlich und ganz ohne Vorbehalte.

Schließlich können wir noch unserer rebellischen Ader freien Lauf lassen, wenn uns die Wildheit packt. Wir probieren Neues aus, schlagen ungewohnte Stellungen vor und rufen uns obszöne Worte zu. Ein Rebell erwartet, daß andere schockiert sind, und schmollt, wenn dem nicht so ist. Vielleicht spielt er dann den Wütenden oder schmeißt mit Kissen herum, wenngleich selten ernst, sondern eher in verspielter Stimmung. Rebellisches Verhalten hält zwar meistens nicht lange an, doch erlaubt es uns, alle Hemmungen total abzulegen. Und deshalb sollten eigentlich alle Liebenden ab und zu den Rebellen spielen!

Phantasien

Jeder Mensch träumt gern, und oft sind unsere Träume von stark sexuellen, erotischen Phantasien geprägt. In der sicheren Umgebung des Schlafzimmers können wir diese Bilder häufig wahr werden lassen, indem wir unsere sexuellen Phantasien mit einem verständnisvollen Partner ausleben.

Aber wie kann man seine erotischen Vorstellungen mitteilen? Und wie erfährt man, welche Phantasien der

Hilfsmittel und Extras vermögen jede Phantasie zu beflügeln. Unser Körper spricht oft auf das Gefühl von glatten Stoffen wie Gummi oder Leder an; diese können Erlebnisse wachrufen oder uns an Macht oder Rebellenfiguren erinnern, die wir bewundern und erregend finden. Häufig sind sie mit dominanten oder unterwürfigen Vorstellungen verbunden.

Partner hat? Oftmals sind wir durch Angst gehemmt; in unseren Träumen können wir Gewalt – als Täter oder Opfer – begegnen; sie mögen uns unsittlich oder gar verwerflich vorkommen und sind vielleicht so wild, daß es uns nie einfallen würde, sie je in die Tat umzusetzen. Wie also kann man sie offenbaren, von ausleben ganz zu schweigen? Wir tun gut daran, unserem Instinkt zu vertrauen; gerade diese Vorsicht ist unser Schutz. Ganz klar: Manche Phantasien – die illegalen, gefährlichen und gewalttätigen – dürfen nicht Wirklichkeit werden. Doch in den meisten Fällen sind unsere Traumbilder genau jener Teil von uns, den wir, getrennt vom Alltagsleben, gern im Gedächtnis behalten. Jene Menschen, die ihre Phantasien ehrlich akzeptieren, sind nie in Gefahr, sie zu realisieren.

PERSÖNLICHER TEST

Welche dieser Phantasien haben Sie schon gehabt und genossen?

- Sex mit einem früheren Partner; Sex mit einem Fremden; Sex mit zwei oder mehr Menschen; Orgien; sadomasochistische Spiele; gezwungen werden; zuschauen oder beobachtet werden; Exhibitionismus; Sex mit einer berühmten Person; Striptease; Sex mit einem viel jüngeren oder älteren Menschen; Bisexualität; eine Prostituierte sein; Doktor-und-Krankenschwestern-Spiele; Sex mit einer Amtsperson.

Welche Körpersignale zeigen Sie beim Phantasieren? Wie leben Sie derartige Vorstellungen im Bett aus? Wie könnte Ihnen Ihr Partner dabei helfen? Wie könnten Sie Ihrem Partner von einer bis dahin geheimen Phantasie erzählen? Welche der Vorstellungen würden Sie erregend finden, wenn Ihr Partner im Bett mitmachen würde?

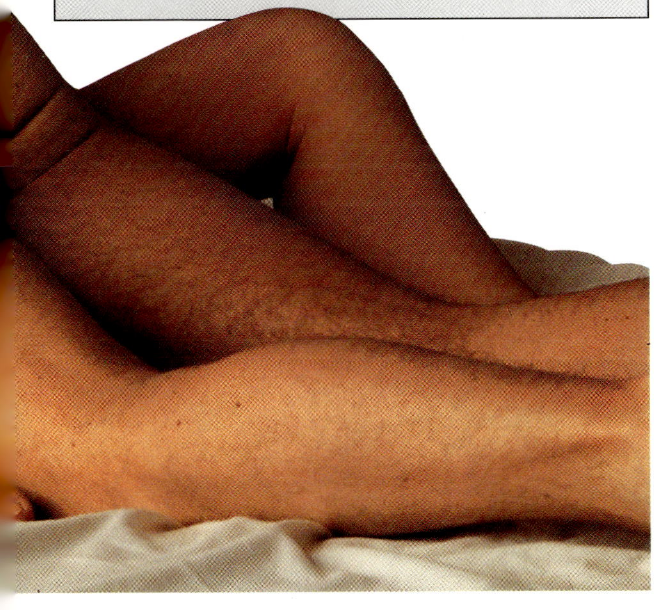

Wir können in unserer Partnerschaft behutsam in Phantasiebereiche vordringen, indem wir uns darauf konzentrieren, worauf der Partner anspricht. Achten sie auf die ersten Anzeichen einer Vorliebe oder Reaktion: ein interessierter Blick beim Durchblättern eines Buchs; nochmaliges Hingucken bei einem Magazin; die typischen Signale der Erregung beim Anschauen eines Videos. Achten Sie darauf, ob Ihr Partner angesichts derartiger Reize die Hand ausstreckt, um Sie zu berühren, und reagieren Sie ebenso, wenn diese Dinge auch Sie erregen.

Machen Sie das Beste aus sinnlichen Phantasien. Wenn Sie ein Buch über Voyeurismus lesen oder in einem Film ein »flotter Dreier« gezeigt wird, nutzen Sie das geweckte Verlangen und lieben Sie sich danach. Sperren Sie Ihre Schuldgefühle aus, wenn Ihre Visionen Sex mit fremden Personen zum Inhalt haben, wo doch der Mensch in Ihren Armen Ihr fester Partner ist. Außer wenn Sie nur durch Phantasien in Stimmung kommen können, ist es ganz natürlich, mittels Gedanken die Lust am gegenseitigen Berühren zu steigern.

Dann öffnen Sie sich dem Reich der Worte. Wenn Sie sehr erregt sind, flüstern Sie dem Partner Häppchen Ihrer Phantasien ins Ohr, oder fragen Sie wißbegierig nach seinen oder ihren. Hören Sie sofort auf, wenn Sie irgendeinen Widerstand – Rückzug oder Abwenden – spüren; wahrscheinlich werden Sie sich dann vornehmen, diesen bestimmten Aspekt einer Phantasie nie wieder zu ergründen. Aber wenn Worte Ihre Erregung beflügeln, und Sie reagieren beide mit Verlangen, dann lassen Sie doch mal die Wirklichkeit durchblicken: Legen Sie beim nächsten Ausziehen einen genüßlichen, erotischen Striptease hin; drücken Sie ihre Arme nach hinten, wenn Sie wieder Sex haben; sagen Sie obszöne Dinge, wenn Sie ihn das nächstemal masturbieren. Spielen, probieren, übertreiben Sie, und haben Sie viel Spaß dabei. Körpersprache braucht nicht real zu sein, um zu erregen; die Phantasie kann noch erregender sein als jede Wirklichkeit.

Liebe, ein Leben lang

Was genau heißt lebenslange Liebe? Wenn wir die Phasen der ersten Faszination, ersten Lust und ersten Liebe hinter uns haben; wenn wir den Körper und Geist des anderen erforscht haben; wenn wir uns sexuell gebunden und emotional einander versprochen haben; wenn wir Probleme bewältigt und Konflikte durchgestanden haben – was bleibt uns zum guten Schluß noch zu tun?

In einer dauerhaften Liebesbeziehung entwickeln beide Partner im Laufe der Zeit ein tiefes Verständnis für die Körpersprache des anderen. Dies ist ihnen vielleicht nicht immer offensichtlich, denn die ideale Körpersprache erfolgt unbewußt und intuitiv, und zwar im rechten Moment und mühelos. Aber zwei Menschen, deren Liebe ein Leben währt, benutzen bewußt oder unbewußt den gleichen Wortschatz der Körpersprache, und sie senden und empfangen komplementäre Körpersignale. Oft bewegen sie sich in der gleichen Weise, nehmen ähnliche Haltungen ein und bedienen sich gleichartiger Gesten, selbst wenn sie getrennt sind. Sie haben jeweils vom anderen Bewegungs- und Sprachmuster, Betonungen und Tonfall übernommen. Häufig verwenden sie Lieblingsausdrücke des anderen und sind mit jedem Wort, das aus ihrem Mund kommt, ein Spiegelbild des Partners.

Vielfach entwickeln lebenslang Verliebte sogar die gleichen physischen Schwächen und passen sich bei Krankheit einander an. Solche Paare halten engen Kontakt, spüren aber intuitiv die persönlichen Distanzzonen des Partners. Sie sind sich gern nahe, aber nicht zu sehr, und respektieren die körperliche Privatsphäre des anderen, selbst wenn sie seit vierzig Jahren zusammenleben. Sie haben oft die gleichen Ansichten über Berührungen in der Öffentlichkeit, denn wenn in dieser vermeintlich unwesentlichen Sache keine Übereinstimmung bestünde, wäre die Belastung für ihre Beziehung womöglich zu groß gewesen.

Ein solches Paar wird sich immer noch schönmachen, seine Reize präsentieren und flirten, jedoch in der Gewißheit, daß man zusammengehört, und nicht als Anmache, sondern weil es ihnen Freude macht. Nicht selten schirmen sie sich in Gesellschaft, wenn auch vielleicht unbewußt, gegenseitig ab, suchen zuerst die Aufmerksamkeit des anderen und greifen spontan zu Bewegungs- und Sprachmustern, durch die andere wirksam ausgeschlossen werden.

Sie vermögen oftmals das Verhalten des anderen allein aufgrund dessen Körpersprache vorherzusagen. Sie erkennen die Stimmung des Partners daran, wie er die Tür schließt, oder sie können Unterstützung anbieten, wo niemand sonst ein diesbezügliches Bedürfnis registriert hätte.

Paare auf Lebenszeit werden das ganze Leben regelmäßig miteinander schlafen. Jeder Partner weiß genau um die Vorlieben des anderen, und sie haben einen feinen Code entwickelt, um ihre Wünsche im Bett auszudrücken. Sie wissen, welche Stellungen, Bewegungen, Geschwindigkeiten und Rhythmen die richtigen sind. Ab und zu verwöhnen sie sich auch mal abwechselnd, um Erfüllung zu schenken, doch wenn sie wollen, gelangen sie gemeinsam zum Höhepunkt. Sie können bei Ihren Wünschen im Bett ruhig flexibel sein, denn sie wissen, daß diese früher oder später erfüllt werden. Und sie spüren, wann eine Abwechslung nötig ist, denn sie kennen ihre Signale gegenseitig so gut und sind bemüht, die meisten, wenn nicht gar alle Bedürfnisse zu erfüllen.

Lebenslange Paare haben viel Spaß im Bett, weil sie emotional soviel voneinander wissen. Sie haben mit der Zeit gelernt, die Gefühle des anderen auf tiefer Ebene zu lesen und sich Zeit und Raum zu lassen, diese Gefühle empfinden zu können. Sie wissen, wann einer von ihnen leidet, und können deshalb ihre Hilfe anbieten; sie wissen, wann der Partner euphorisch ist, und können auf ihn eingehen. Sie haben genau die gleichen Probleme wie andere Menschen, aber sie vertrauen auf ihre emotionale und körpersprachliche Erfahrung, um Sorgen, Unwägbarkeiten und Krisen – im Bett wie im Alltag – wenn auch manchmal unter großen Schwierigkeiten, zu meistern.

Zuletzt jedoch, wenn wir ein Paar fürs Leben sind, brauchen wir wahrlich nicht mehr viel über unsere Gefühle, unsere Sexualität, unsere Vergangenheit oder unsere Zukunft zu reden, denn wir müssen nur hinsehen, zuhören und fühlen, um die Körpersprache des anderen zu verstehen. Und wir haben gelernt, mit diesem Verständnis jeden Tag das Band der lebenslangen Liebe neu zu knüpfen.

LITERATUR

Band, Richard and Grinder, John: Frogs into Princes. Real People Press, Mowab (Utah) 1989

Bateson, Gregory: Geist und Natur. Eine notwendige Einheit. Suhrkamp, Frankfurt/Main 1987

Bateson, Gregory: Steps to an Ecology of Mind.

Ballantine Books, New York 1972

Berger, Erika: Körpersprache der Erotik. Ariston, München 1990

Berne, Eric: Spiele der Erwachsenen. Rowohlt, Reinbek 1974

Cameron-Bandler, Leslie: Solutions. Future Pace, San Rafael (Kalifornien) 1985

Darnborough, Ann und Kinrade, Derek: The Sex Directory. Woodhead Faulkner, Cambridge 1988

Friday, Nancy: Befreiung zur Lust. Frauen und ihre sexuellen Phantasien. C. Bertelsmann, München 1992

Gunn, S. L.: The Challenge of Excellence. Metamorphous Press, Lake Oswego (Oregon) 1986

Hall, Edward T.: The Silent Language. Doubleday & Co., New York 1959

Heimel, Cynthia: Sextips für Girls. Goldmann, München 1992

Hite, Shere: Hite Report. Das sexuelle Leben der Frau. Goldmann, München, 1990

Hite, Shere: Hite Report. Das sexuelle Erleben des Mannes. Gondrom, Bindlach 1990

Hoffman, Lynn: Foundations of Family Therapy. Basic Books, New York 1981

Kitzinger, Sheila: Sexualität im Leben der Frau. Biederstein, München 1986

Knapp, M. L.: Nonverbal Communication in Human Interaction. Rinehart and Winston, New York 1978

Lewis, Byron and Pucelink, Frank: Magic Demystified. Metamorphous Press, Lake Oswego (Oregon) 1982

Muir, Caroline und Charles: Tantra. Die Kunst bewußten Liebens. Ariston, München 1990

Nidiaye, Safi: Liebe ist mehr als ein Gefühl. Ariston, München 1990

Quilliam, Susan: Das verflixte Dreieck. Heyne, München 1992

Quilliam, Susan and Grove-Stephensen, Ian: How to Stay in Love. Helpful Books, Milton Keynes 1988

Stanway, Andrew: The Joy of Sexual Fantasy. Headline, London 1991

REGISTER

Kursiv gesetzte Seitenangaben verweisen auf Abbildungen

DANKSAGUNG

Hiermit möchte ich allen danken, die mir bei diesem Buch geholfen haben, vor allem Alan, Dee, Helen, Leafy, Lynne, Peter und den anderen, nicht namentlich Genannten, die mir von ihren Erfahrungen in der Liebe berichtet haben. Ich danke meiner Agentin Barbara Levy sowie Nick Eddison, Ian Jackson, Michele Doyle, Hilary Krag und allen bei Eddison Sadd dafür, daß die Vorbereitung zu diesem Buch zu einem so schönen und lehrreichen Erlebnis geriet. Ich bedanke mich auch bei Harold Harris sowie allen Models und Maskenbildnern, daß sie mir gezeigt haben, wieviel harte Arbeit für die Herstellung der Aufnahmen nötig ist. Zum Schluß danke ich noch meinem Freund Ian, ohne den ich die sexuelle Körpersprache nie kennengelernt hätte.

Eddison Sadd möchte folgenden Personen und Einrichtungen für die Erlaubnis zum Abdruck der Illustrationen danken:

Umschlagvorderseite: ZEFA
Umschlagrückseite: Larry Dale Gordon/The Image Bank
David De Lossey/The Image Bank 24/25M, 101ol; Larry Gordon/The Image Bank 15; The Hutschinson Library 17or, 20, 26/27, 97; Steve Niedorf/The Image Bank 108; NZS Ent, Inc/The Image Bank 111; Michael Salas/The Image Bank 33l; G & J M Stane/The Image Bank 5; Picturebank Photo Library 61l; ZEFA 2, 6, 9, 10u, 11or,ol,u, 12, 17ol,oM,Ml,ul,ur, 18, 19, 21, 23, 24l, 25or,Mr,ur, 28, 29l,r, 30, 31, 32, 33r, 34l,r, 37o,M,u, 38, 40, 41or,ol,ur, 43, 44, 45, 47, 48/49, 50, 51, 52, 53ol,or,M,u, 55, 56, 57o,ul,ur, 58o,u, 59l,r, 60, 61r, 63, 64, 65or,ol,ur,ul, 67l,r, 68, 71, 73, 74/75, 77, 78o,u, 79, 80o,ul,ur, 82/83, 85ol,oM,or,u, 87o,M,ul,uM,ur, 88, 90l,M,r, 91ol,u, 92/93, 94, 95, 98, 99ol,or,ul,uM,ur, 101or,ur, 103, 105, 106, 107, 113ol,or,Mr,ul,uM, 115, 117or,ol,u, 119l,r, 120, 123

o = oben; u= unten; M = Mitte; l = links; r = rechts